乘风天涯

《乘风天涯》编委会 著

北京联合出版公司
Beijing United Publishing Co.,Ltd.

图书在版编目（CIP）数据

乘风天涯 /《乘风天涯》编委会著 . —北京 : 北京联合出版公司，2019.8

ISBN 978-7-5596-3354-5

Ⅰ . ①乘… Ⅱ . ①乘… Ⅲ . ①帆船运动—运动竞赛—概况—三亚市 Ⅳ . ① G861.471

中国版本图书馆 CIP 数据核字（2019）第 125381 号

乘风天涯
作　　者:《乘风天涯》编委会
选题策划：北京时代光华图书有限公司
责任编辑：宋延涛
特约编辑：高志红
封面设计：新艺书文化
版式设计：新艺书文化

北京联合出版公司出版
（北京市西城区德外大街 83 号楼 9 层　100088）
北京军迪印刷有限责任公司印刷　新华书店经销
字数 246 千字　880 毫米 ×1230 毫米　1/32　10.25 印张
2019 年 8 月第 1 版　2019 年 8 月第 1 次印刷
ISBN 978-7-5596-3354-5
定价：69.80 元

《乘风天涯》编委会

目录

序

2018年9月19日，纪录片《乘风天涯》在三亚成功首映。影片中，利物浦颁奖现场漫天彩纸飞舞，“三亚”的呼喊声此起彼伏。画外音播放着三亚市委副书记、市长阿东的贺信：“感谢所有水手帮助三亚号最终站上了最高领奖台！让全世界认识了三亚精神！”

画面最终定格在时任三亚市副市长许振凌女士高高举起环球奖杯的瞬间……首映大幕落下，灯光亮起，掌声和欢呼声里，海洋的荣耀浸润了现场。目光和镜头全部对准了走上台的三亚号大使船员们。

纪录片唤起了观众的好奇，问题被不断提出来，关注点越来越细。被问到的水手们回忆着那些风浪，感叹着那些勇气。水手们和一年前起航时完全不一样了，眼眸里闪烁着远方的影子。

除了纪录片，环球过程中三亚号所有船员一共写下了超过30万字的日记。太平洋的风，大西洋的浪，好望角的日出，珊瑚海的月食……

三亚号还在一年的航行中留下了5000张照片，掌舵、修帆、滑浪、洗碗，海豚、鲸鱼、巨浪、惊雷……

风浪里昼夜记下的点滴是中国远洋帆船的宝贵财富。在三亚市政府、阿东市长，以及克利伯环球帆船赛三亚组委会的关心下，我们摘录了其中的十几万字、一百多张图片编成本书。为了保持故事讲述的连贯性，书中略过了许多重复出现的航行细节，比如那些相似而又不同的风浪、日出。

我们只负责埋下远洋的种子，那些海天的真相恐怕只能您看完本书后自己去感受了。

希望对远方、对海洋有兴趣的您，能与我们一起分享三亚号环球航行的收获及最终夺冠的激情，也能体会到三亚号这张 23 米高、33 吨重的“城市名片”全球推广三亚的努力。

如果对纪录片感兴趣，可扫下方二维码：

前 言

2017年2月15日，三亚，克利伯环球帆船赛主席罗宾·诺克斯–约翰斯顿爵士郑重地在协议上签下了自己的名字。协议书上“Sanya”的彩虹标志映红了他雪白的络腮胡子。全新一届的环球大赛将再次升起装点了五星红旗的主帆，三亚这个中国具有活力的航海大都会将成为最新的中国代表，驶向全球最著名的港口。

克利伯环球帆船赛是世界上参与人数最多、规模最大的业余帆船赛事，也是唯一面向业余人士开放的环球帆船比赛。船员在设于英国或澳大利亚的训练营完成四周航海训练后，即可加入一站或几站跨越大洋的比赛。甚至挑战在11个月内环球航行的壮举。

完成环球航行的总人数，要远远少于登上珠穆朗玛峰的人数。

环球的路线从英国利物浦出发，途经南美洲乌拉圭埃斯特角城（东方之角城），南非开普敦，澳大利亚西海岸弗里曼特尔、东海岸悉尼、塔斯马尼亚州霍巴特、惠森迪群岛艾丽海滩，中国三亚、青岛，美国西雅图，巴拿马运河，美国纽约，北爱尔兰伦敦德里，最终回到英国利物浦。全程穿行赤道两次，横跨太平洋、印度洋，三次穿越大西洋，总行程超过4万海里，海上航行228天。

比赛的开创者就是克利伯环球帆船赛主席罗宾·诺克斯－约翰斯顿爵士，他是历史上第一位单人不间断环球航行的英国水手。他在 1969 年驾驶 9.8 米长的印度制单体柚木帆船“苏海里号”，独自不间断航行 312 天，完成了这一挑战。其后他又进行了两次环球航行：1993 年，罗宾与彼得·布莱克组队，以 75 天刷新了当时的最快不间断环球纪录；2007 年，罗宾在 68 岁时，刷新最年长的单人环球水手纪录。

在完成这一系列挑战的过程中，罗宾爵士理解到乘帆远洋对于现代人的启示和安慰，也从和航海爱好者的沟通中体会到普通人对跨越海洋的期待。为了帮助更多的人享受海洋、实现环球的梦想，罗宾创立了克利伯环球帆船赛，比赛所呈现的分享精神和永不止步的斗志与三亚的城市诉求相互契合，二者结缘所带来的激情和故事，为中国远洋历史写下了新的一页。

本书展现了三亚号第一次参加克利伯环球帆船赛，最终获得世界冠军的历程。三亚从全国的“三亚粉”中招募了 18 名代表三亚的大使船员，分段参加了环球比赛，水手中最年长的 69 岁，最年轻的 18 岁。

克利伯2017—2018赛季和2019—2020赛季环球帆船赛主办港与赛队合作伙伴——三亚签约仪式暨新闻发布会现场

罗宾爵士（80岁）

除了一名职业水手，三亚号的其他 65 名船员里有律师、翻译、工程师、教师、医生、记者……90% 的人从未涉足大洋，但太平洋、大西洋、印度洋的召唤让他们无法停步。他们让这次旅程不单单是一场环球航行的比赛，更是一个个故事。这是他们作为简单个体，不甘于平淡的生活，挑战自身极限，进行团队合作，最终取得胜利的真实历程。机会是给永不放弃的人准备的。

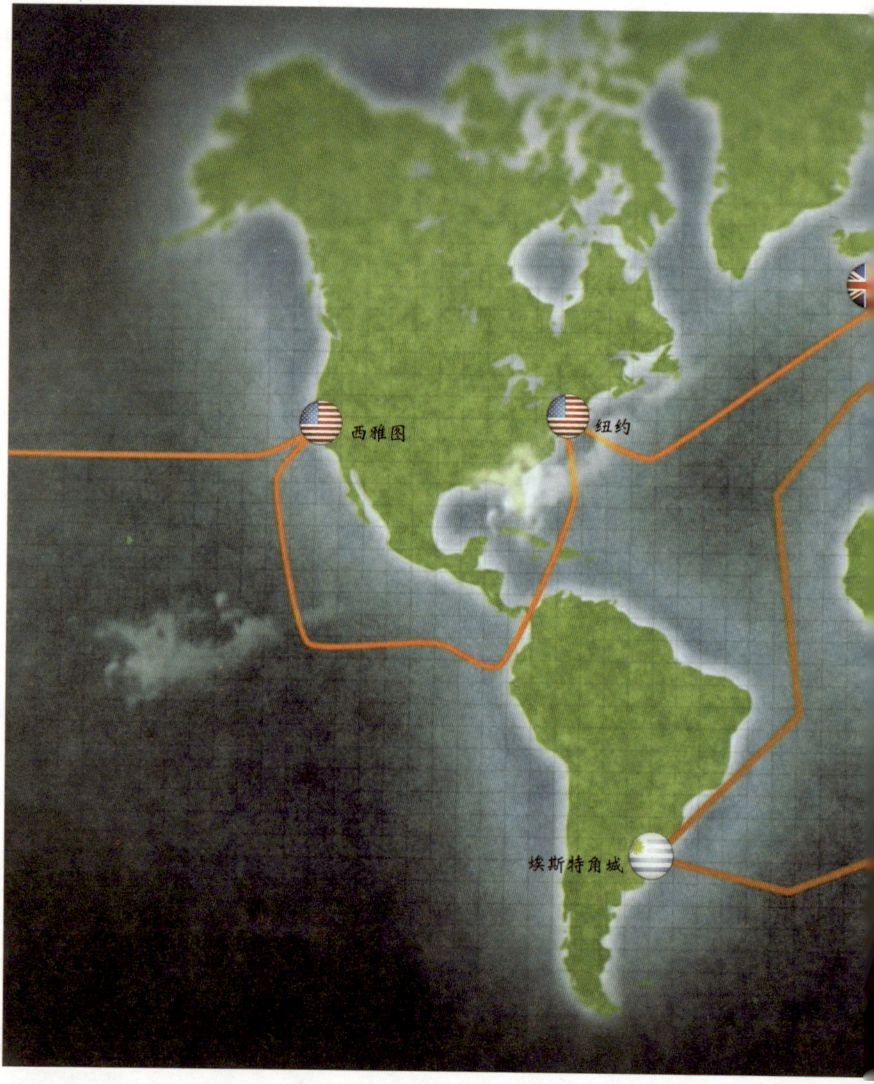

环球路线图

浦
青岛
三亚
艾丽海滩
开普敦
弗里曼特尔
悉尼
霍巴特

GARMIN
半山半島
Sanya

HENRI LLOYD
CLIPPER
17-18
yatour.com
CLIPPER
ROUND THE WORLD
17-18

开篇

凡世之所贵，必贵其难。

——苏轼

2018年6月3日，巴拿马运河大西洋端，庇护湾游艇会。

在几百公顷参天大树里开车半个小时，才能抵达废弃美军基地改建的帆船码头。十几厘米厚的水泥地面起伏不平，雨林正在夺回控制权，离码头两百米，路边有一条蛇和一只猴子完整的骨骼，定格着它们生命的最后交锋。

巴拿马运河大西洋一端，几条克利伯赛船泊在码头边。码头被太阳晒得明晃晃的，船懒洋洋的。船员像邻居一样互相打着招呼，西雅图号上有人在保养绞盘，利物浦2018号桅杆上挂着刚洗过的衣服，青岛号甲板上堆着被海水泡得锈迹斑斑的番茄罐头，旁边有人正吃着一碗意大利面。佳明航电号上有人一边打电话，一边看向船员坐得整整齐齐的三亚号。遮阳篷盖住了大部分三亚号的甲板，阴影里的人在阳光下面目模糊。

距离出发纽约还有30小时。船长温蒂说："我是来做你们的船长，不是来交朋友的。你们想好了告诉我吧。"温蒂说完就下船向游艇会餐厅走去，迎面走来一人，她把头扭到一边没有打招呼。

船长走后，三亚号上船员的坐姿和气氛都松弛了一些，几个只跑一个赛段的船员心事重重地互相交换了眼神，而即将完成梦想的几个环球水手则纹丝不动。环球水手麦克·风从会议开始就看着远处，此刻他心里想："和八个月前那次会议一样，不会有变化的。"

耀眼的阳光里，银白色桅杆群里透出一点点绿色的树梢，没有风，树梢支棱着一动不动。码头上有个鲜艳的蓝色大垃圾桶在刺眼的阳光里格外明显，几个小时前，迪马在垃圾桶旁边跟温蒂说："船上大部分人都很不满意你。我们要开会讨论一下后面怎么办。"

温蒂听的时候站得很直，头微微歪向一边，双手交叉在小肚子前面，点着头，金色的头发一颤一颤。基斯退赛后，她受到组委会警

温蒂船长

告：必须耐心平复每一个水手的心情。

温蒂同意开会讨论，但会议开始没多久她就激动地退场了。迪马首先发言："我们要加强沟通。"迪马眼睛盯着甲板，好像看穿了船，看到了浑浊旧军港水底下藏着的危险。"别的船都在进步，他们一起讨论战术。而我们航行了快十个月，什么都是你在做主。"迪马参赛前是商业顾问，为企业提供管理咨询，他认为自己能看到管理中的问题。

"我学到的不够。"环球水手老周一米九几的大个儿，声音却轻得很，"她什么麻烦都自己解决。不犯错我们怎么成长？"老周是英国人，急于从印尼建筑公司员工的身份里跳出来，因此花了所有积蓄报名参加克利伯环球帆船赛。他在八个月前的乌拉圭第一次会议上，就带头抱怨过温蒂给水手的机会不多。

水手们的声音渐渐高起来，"温蒂态度太恶劣了，她得改变和人

迪马（前左一）和凯瑟琳（右六）

说话的方式。”

“她总是冲我们大喊大叫，好像我们什么都做错了。可正确的操作方法她又不说清楚。”

“在温蒂面前，滔天巨浪和冰冷的海洋都不算可怕。”

环球水手凯瑟琳负责会议记录，她灰白的头发剪得短短的，鼻子和眼睛红得像刚哭过。凯瑟琳很敏感，也很天真，水手们言辞的激烈让她震惊，她不明白为什么人们不能用爱包容彼此。她很期待和大家能建立起友谊，八个月前第一赛段，她在第一个午餐例会上发言：

“请你们听我说，这很重要。我想告诉大家！……我好开心！我好开心能和你们一起航行！……就这样！”

她记得自己那天的声音因为兴奋而富有磁性，她当时心里想：水手果然胸怀广阔，刚航行了几天，大家就变成了好朋友……比朋友还好的那种不能绝交的关系……像家人一样……

那个午餐会上凯瑟琳越想越兴奋，眼眶和鼻尖更红了。她不敢把“我们已经是一家人了”的新发现当众说出来，怕还没张口就已经哭个不停。

而八个月过去，此刻凯瑟琳怔怔地看着英国水手们。他们发着船长的牢骚，像在抱怨坏脾气的导游。代替温蒂主持会议的金柏森航海经验丰富，他突然问一直没说话的单洋洋：“你的意见呢？”

单洋洋略想了一下说：“我希望温蒂说话时慢一点，有时候听不清……但这可能是我英语的问题。”

话刚出口他就有点后悔，克利伯的工作语言是英语，这么说像自责英语没有达到要求。在一艘中国冠名的英国船上，和近十个不同国家的人同吃同住三十多天，洋洋偶像包袱太重，总觉得自己的一举一动在代表着谁。

“我也听不懂！”来自英国的莎莎马上接着说，“我可是英国人，她说得那么快，我连问的时间都没有。”一众德国、日本等非英语国家的水手跟着表达了同样的困扰。单洋洋赶紧挥挥手，表示还有别的要说。

“我认为温蒂是我经历过的最安全的船长。”

单洋洋的话让大家安静了下来，一直在写个不停的凯瑟琳停笔缓了口气。会后她要把大家的意见汇总送给组委会。

温蒂的澳大利亚同乡、大副坎贝尔看了单洋洋一眼接道：“她比我上一届经历的船长要安全得多，她能看到安全隐患。”坎贝尔 60 岁的时候从注册会计师职位上退休，全程参加了上一届环球赛。赛后考取了“离岸航海大师”资格。本赛季第三赛段大不列颠号不幸有一个水手身亡，英国海事部门要求每条船增加一个有“离岸航海大师”认证的水手。坎贝尔欣然报名，他很高兴能再次回到克利伯的比赛中，三亚号成绩这么好，没准能“蹭”到一个冠军。

新西兰来的“Doc 刀客”大卫一直没说话。他的本职工作是外科副主刀，所有业余时间都用来航海，离婚后第二个月就报名了克利伯帆船赛。大卫参与过不下一百场各种帆船赛，那些赛队基本都是职业水手领衔。他此刻听着人们发温蒂的牢骚，自言自语说道："赛手都是这样啊。一个职业水手带着二十几个不认识的、没航海经验的普通人一起跨大洋，要关心从航行成绩到吃喝拉撒所有的细节，谁能指望她整天好声好气的？"

组长金柏森等人也表达了对温蒂的支持，刚才抱怨得热闹的几个人安静了下来，迪马把目光从甲板移到远处丝毫未动的树梢上。凯瑟琳舒了口气，合上了笔记本。

组委会办公室设在游艇会一楼餐厅里，工作人员们进进出出。还有 50 天环球就要结束，三亚号目前稳居积分榜第一，领先第二名 19 分，不出意外的话，三亚号将是历史上第一艘获得克利伯环球帆船赛冠军的中国船队。想到这一点，主竞赛官马克就很高兴，这肯定会让更多的中国人关注克利伯比赛，关注远航。

但此刻，夺冠呼声最高的船长却红着眼睛走了进来……

赛事费用介绍

克利伯赛事的运营费用由报名费和赛队冠名费两部分组成。水手可以选择参与环球比赛，或参加八个赛段中的一个或几个。每个赛段包括一至三个不等的赛程，赛程长短不同。最长的是只有一个赛程的第一赛段，实际航行 6908 海里，不间断航行 34 天。最短的是第四赛段第二赛程悉尼—霍巴特，实际航行 704 海里，只航行 4 天 3 夜。

单站费用约为人民币 5 万至 6 万元，全程参赛需要人民币 60 万

The Race of Your Life（改变人生的竞赛）

2017—2018 赛季三亚站起航

大使船员公布

三亚出征仪式

元左右。

三亚号由三亚市政府组织成立，旨在提高中国民间航海水平，同时向世界介绍三亚这个受关注度越来越高的航海目的地。赛前组委会招募了16名爱好者和两位专业媒体人士组成“三亚大使船员十八罗汉”，每一赛段派出两名水手和一名媒体船员参加比赛。

克利伯70十大真相

1. 菜鸟水手。全部500多名水手里有60%没有远航经验，很多人甚至从未上过帆船。环球竟然是一场说走就走的航行。

2. 混乱的生物钟。三亚号24小时不间断航行，每天五班，白天两班每6小时一班，晚上三班每4小时一班。水手被分为两组，轮流值班。每两天就昼夜颠倒一次。

3. 节约用水，一个月不洗澡。淡水是航行中最宝贵的资源，船上的淡水靠海水净化，淡水净化器全程由船长亲自负责。很多船队例如三亚号禁止使用淡水冲凉。远洋海水非常洁净，没有近岸的咸腥味，风小的时候，可在船尾用海水冲洗。

4. 罐头噩梦。采购20多名水手一个月的食物和零食，要兼顾预算、体积、重量等因素，极其考验计划计算和统筹能力。采购在每一个停靠站由指定的水手负责，预算为每人每天3英镑。船上只有一个巴掌大的小冰箱，放黄油和极少量新鲜肉类。船上吃得最多的就是各种罐头、袋装食品。噩梦的高潮是英式茄汁焗黄豆罐头，甜稀软腻，但保你全程不便秘。船行至三亚时再不想吃焗黄豆的水手迪马和格林激动之下斥巨资购入豆豉鲮鱼罐头100罐，但也很快吃腻，直到北爱

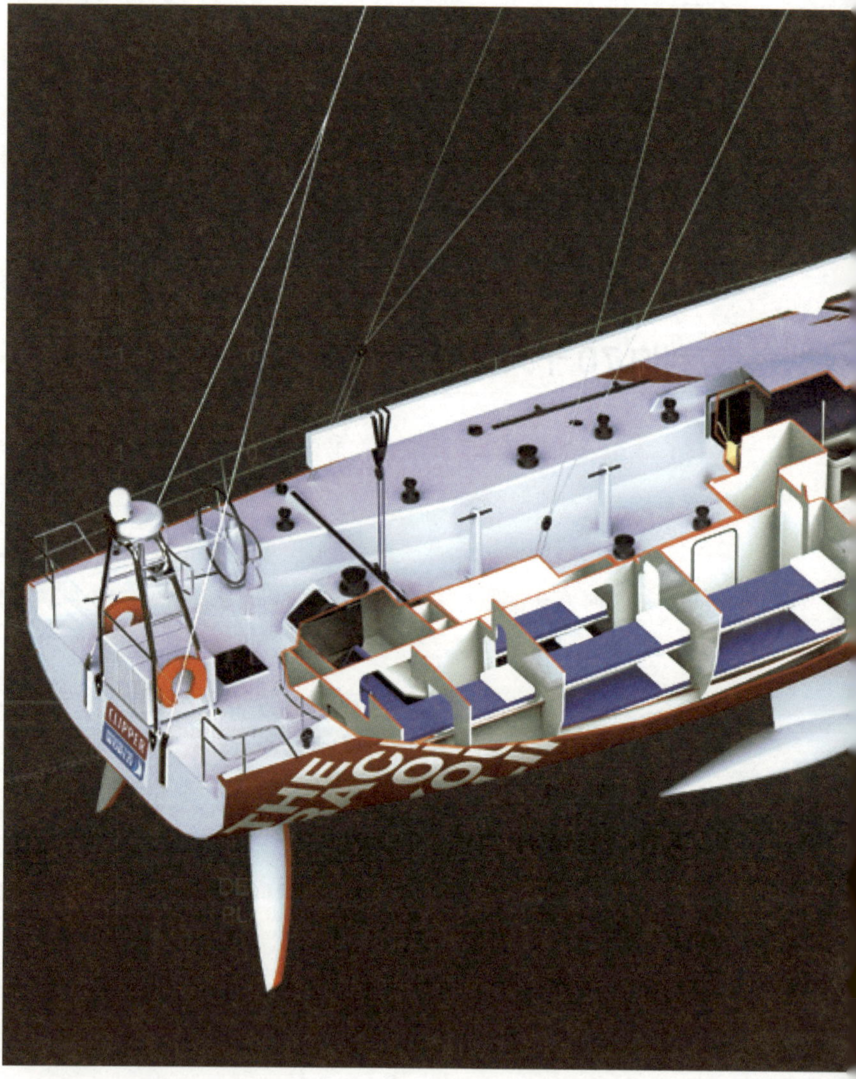

克利伯环球帆船赛船只结构图

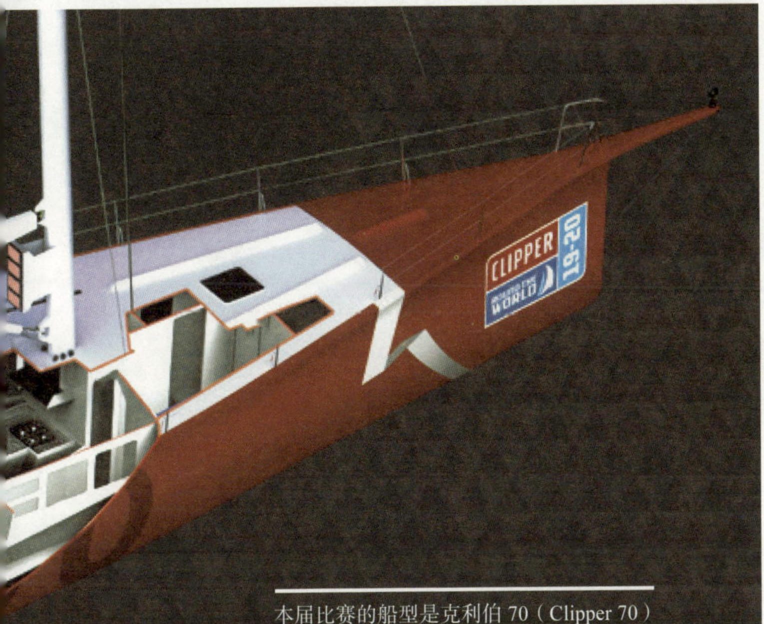

本届比赛的船型是克利伯 70（Clipper 70）

总长度	23 米
船宽	5.65 米
吃水	3 米
主帆面积	123.19 平方米
前帆面积	168.43 平方米
不对称球帆面积	330.34 平方米
桅杆高度	29 米
排水量	31.7 吨
龙骨重量	12 吨
最大载人数目	24 人

尔兰才最终吃干净。

5. 不能钓鱼。三亚号是赛船！赛船！以速度为最高追求，不会分神去钓鱼。在船上也不具备处理生鱼的条件，比如足够的淡水。

6. 轮流当妈。除了船长外，所有人每天两人一组，轮值为所有水手准备三餐及打扫舱内卫生。被称为 mother duty（妈妈班）。风浪大的日子里，这是最艰苦的职位。有过男水手反对使用“妈妈”这个词，认为是对女性的不尊重，但有女水手认为这恰恰能让“没良心的孩子记起妈妈的辛劳”。

7. “同船共枕”。水手们没有固定的床铺，根据不同的风力，水手要睡在位置合适的床铺上帮助压舷。床是简易固定的吊床，有专门的课程学习如何避免半夜摔到地上。每人自备睡袋。在寒冷海域里，把潮湿的袜子裹在怀里同睡是唯一把它变干的办法。

8. “风尚”叠穿。狂风中水手们都穿得层层叠叠，海上天气变幻

妈妈班

莫测，时晴时雨，大浪来袭难免湿身，最实用的是一层层的抓绒衣，冷了加一层，湿了换一层。横穿南印度洋和北太平洋是最寒冷的两段，每人都要穿五六层衣服御寒。

9. 限重。不分身材不论男女，除去航海服和睡袋，环球水手全年随船私人物品的限重是 25 千克，非环球水手的限重为 20 千克。

10. 最恐怖的事：风平浪静。

三亚号十大真相

1. 温蒂船长接受采访时曾戏称，她第二次参加克利伯的理由并不是想拿环球冠军，而是和男朋友分手了出来疗伤。

温蒂船长

2. 零基础水手基斯 64 岁，还没开始训练就在胳膊上文上了三亚的标志。他在澳大利亚退赛，没能坚持到三亚。三亚号 10 名环球水手最终只有 9 人完赛。

基斯

3. 水手菲利普原计划连续挑战第二赛段和第三赛段，但第二程跨南大西洋结束后，他放弃了比赛。之后他驾驶自己的船，参加业余单人横跨大西洋比赛获得了冠军。

菲利普

4. 第四赛段大副汤姆·索特，2011—2012 赛季完成环球后和同船队友组队拿下了 2015 年双人皮划艇跨大西洋比赛的冠军。

汤姆·索特和队友

5. 三亚号有四对水手升级为情侣。四位男生金柏森、迪马、汤姆、老周都是环球水手。其中三对一年后还在一起，成功率高达 75%。

6. 环球水手金兰丽的未婚夫大卫·连恩是世界著名的人工智能专家，他追随金兰丽去了每一个经停站，年飞行里程达到了 40 万千米。

7. 三亚号一年发布的文字数达到 30 万字，照片 5000 张，视频 200 部。

8. 三亚号最年轻的水手只有 18 岁，是德国小伙尤纳斯。他高中毕业考上医科大学，决定休学一年看看世界，顺便想想学哪一科。和二十多个人一起跨过大洋后，他决定学心理学。他参赛的收获之一是：一般不严重的心理问题，上船折磨一番就好了。

9. 最年长的水手 69 岁，托尼，英国退休木匠。上一届他曾和温蒂跑了两站比赛，对温蒂“迎风怒吼”的风采念念不忘。他这次重新回到克利伯，指明和温蒂一起航行澳大利亚赛段。他希望登上领奖台，最终船队三程比赛获得两个冲线第一，他心满意足。

10. 第四段水手杰克船长的真名是 Nigel，杰克船长的外号源自电影《加勒比海盗》。在大堡礁拍摄时，影片中杰克船长扮演者约翰尼·德普住在他管理的酒店。拍摄完成后，约翰尼·德普送了他一顶写着“Captain Jack”的帽子。从此朋友们开始叫他杰克船长。杰克的梦想之一是能完成悉尼—霍巴特帆船赛，因此报名克利伯澳大利亚赛段，赛段第二程即为悉尼—霍巴特帆船赛。他最终随三亚号获得该赛段冲线冠军。半年后三亚号在航行中突然收到消息，杰克船长因为不堪抑郁症折磨而结束了自己的生命。他生前告诉家人，能完成悉尼—霍巴特真好。

媒体船员明浩

媒体船员王波

尤纳斯

托尼

克利伯12艘战船

利物浦 2018 号
（LIVERPOOL2018，CV20）

利物浦 2018 号是最显眼的赛船，通体粉红色，由利物浦市冠名，是该市 2018 旅游年推广项目之一。吉祥物是粉红豹。

GBR
720X
CLIPPER
ROUND THE WORLD
17-18
LIVERPOOL
2018
HENRI LLOYD
DELL
LIVERPOOL 2018
CLIPPER
17-18

联合国儿童基金会号

（UNICEF, CV21）

联合国儿童基金会号（下文统一称为“Unicef 号”）的冠名费由克利伯两位创始人捐出，赠送给联合国儿童基金会。全程比赛每一站都有外围募捐赛，为联合国儿童基金会筹款最多的赛队获得慈善奖。因此各个赛队都义卖集资，三亚号的明星产品是速干款后援团制服和写有中文“长风破浪”的手环。

GBR
721X
CLIPPER
unicef
unicef
for every child
CLIPPER
Nasdaq

佳明航电号

（GARMIN，CV22）

佳明航电号由佳明航电公司赞助，是传统克利伯赛队。船长哥谭曾经是单人远洋赛手，实力强劲。这也是最活泼的赛队之一。船员菲尔曾经患脑部疾病，治愈后毅然报名环球水手，并顺利完赛。

CLIPPER
HENRI LLOYD
DELL
RMIN
CLIPPER
ROUND THE

酒店安排网号
(HOTELPLANNER.COM, CV23)

酒店安排网号（下文统一称为“HP号”）由“酒店安排网”冠名，船长为爱尔兰水手，是2017年最佳爱尔兰水手提名获得者。赞助商在每个到达站，为每个水手提供100英镑的住房券。

PSP LOGISTICS
FOR EVERY CHILD IN DANGER
unicef
ELLIOT BROWN
OFFICIAL TIMEKEEPER
DELL
17-18
HotelPlanner.com

绿色国际号

（GREENINGS，CV24）

绿色国际号由绿色国际赞助，是本赛季最具争议、唯一未完赛的船队。绿色国际号只完成了两个赛段，获得两次积分冠军，却动用了三位船长。在南印度洋发生了克利伯环球帆船赛史上最大的事故，赛船损毁退赛。

CLIPPER
17-18
GREENINGS
CLIPPER
TELEMED+
by PRAXES Medical
FOR EVERY
CHILD IN
DANGER
unicef
DELL
ELLIOT BROWN
OFFICIAL TIMEKEEPER
GREENINGS

勇往直前号
（DARE TO LEAD，CV25）

勇往直前号由南非实业家德克私人冠名。德克是2009—2010赛季环球水手，完赛后念念不忘，成为克利伯赞助者之一。赛队由旅居南非的英国水手戴尔带领，戴尔是三亚号船长温蒂的好朋友。

GBI
7251
CLIPPER
ROUND THE WORLD
DARE TO LEAD
CLIPPER
TELEMED+
by PRAXES Medical
HENRI LLOYD
DELL
ELLIOT BROWN
DARE TO LEAD
CLIPPER

GBR
72 X
CLIPPER
ROUND THE WORLD
17-18
VISIT
seattle
CLIPPER
TELEMED+
by PRAXES Medical
FOR EVERY CHILD IN DANGER
unicef
ELLIOT BROWN
HENRI LLOYD
DELL
VISIT
seattle
Port of Seattle
City of Inclusion
SSC

西雅图号
（SEATTLE，CV26）

西雅图号由西雅图旅游局冠名，船长为赛会史上最年轻的船长 23 岁的女水手妮妮，她是两届跨大西洋最佳年轻水手奖获得者，有丰富的带队参赛经验。

三亚号
（SANYA，CV27）

三亚号英文名 Sanya Serenity Coast，直译为“三亚风平浪静港湾号”。一年的航程里，三亚号用积极进取、无浪不欢的赛队风格向世界展示着三亚这个中国最具魅力港口的美好。

GBR
72 X
CLIPPER
ROUND THE WORLD
17-18
en.sanyatour.com
CLIPPER
TELEMED+
by PRAXES Medical
FOR EVERY CHILD IN DANGER
unicef
ELLIOT BROWN
DELL
Sanya
en.sanyatour.com
CLIPPER
17-18
半山半島
SERENITY COAST-CHINA

PSP 物流号
（PSPLOGISTICS，CV28）

PSP 物流号由赛会物流赞助商 PSP 冠名，拥有一大批经验丰富的水手，进取心超强。第二赛段结束后，原船长罗伊不堪压力主动提出更换船长。替补上场的马特第二次带队参赛，实力超强，带领赛队全年和三亚号多次缠斗。

GBR
728X
CLIPPER
ROUND THE WORLD
17-18
PSP
WORLDWIDE LOGISTICS
CLIPPER
TELEMED+
by PRAXES Medical
HENRI LLOYD
DELL
ELLIOT BROWN
LOGISTICS
CLIPPER
ROUND THE WORLD
17-18

GBR
729X
CLIPPER
ROUND THE WORLD
17-18
QINGDAO
CLIPPER
TELEMED+
ELLIOT BROWN
HENRI LLOYD
QINGDAO

青岛号

（QINGDAO，CV29）

青岛号是克利伯史上最长寿的赛队，培养了一大批中国水手。郭川船长是第一位参加克利伯的中国水手，宋坤跟随青岛号成为第一位完成环球的中国女性。

GBR
730X
CLIPPER
ROUND THE WORLD
17-18
GREAT
BRITAIN & NORTHERN IRELAND
CLIPPER
TELEMED+
ELLIOT BROWN
DELL
HENRI LLOYD
WELCOME TO GREAT
BRITAIN & NORTHERN IRELAND

大不列颠号

（GREAT BRITAIN, CV30）

大不列颠号由英国旅游推广局冠名，旨在全球推广英国旅游。口号“Sailing is Great”。原船长安迪，第三段值班组长西蒙落水身亡后，安迪到了澳大利亚站结束无法再坚持下去，于是辞职，船长换成了失去赛船的原绿色国际号船长戴夫。

纳斯达克号
（NASDAQ，CV31）

纳斯达克号由美国纳斯达克冠名。船长罗伯在成为职业赛手前做过包括邮递员在内很多职业。在罗伯生日时，纳斯达克外墙显示屏特别打出巨幅海报，祝他生日快乐。

GBR
731X
CLIPPER
ROUND THE WORLD
17-18
Nasdaq
CLIPPER
TELEMED+
by PRAXES Medical
FOR EVERY CHILD IN DANGER
unicef
ELLIOT BROWN
DELL
HENRI LLOYD
Nasdaq
CLIPPER
ROUND THE WORLD
17-18

第一章

纵贯大西洋

起航之前

2017 年 8 月，英国利物浦阿尔伯特码头。

这是全球最辉煌的大港口之一，大航海时代英国船队从这里出发征服世界，1920 年徐志摩从这里登岸，生有反骨的披头士乐队从“地穴”酒吧起步，开始席卷全球。如今这家酒吧门口几米高的砖墙上刻满了世界各地到此一唱的音乐后辈的大名。赫然可见毛阿敏、许巍和痛仰乐队。

脑海中浮现出身穿大垫肩礼服的毛阿敏，在《黄色潜水艇》首唱的舞台上唱起：“你从哪里来，我的朋友？好像一只蝴蝶，飞进我的窗口……”

披头士乐队接着唱道：“迎着太阳起航，直到绿色海洋，睡掩蓝色波涛，住进黄色潜水艇。”

两首歌同样迷幻。

离开赛还有三天，三亚号第一赛段大使船员翟燕丽从连云港出发，坐了三次飞机、一次大巴，终于到了利物浦阿尔伯特码头。她背一个登山大包，穿着黑色抓绒衣，紧身牛仔裤，粉红色运动鞋。她不化妆没戴首饰，像大学生一样扎着个马尾辫，细长的双眼兴奋得发光，嘴巴抿不住笑，两手不知道该放在哪里，跟着人群顺着晃晃悠悠的跳板走向三亚号。

码头上 12 艘五颜六色的赛船整齐地排成一排，打头的是东道主全身靓粉的利物浦 2018 号，三亚号静静停在中间的位置。天蓝色的 Unicef 号颇为引人注意，船头有位女船员正在给一个水手理发。这位 Unicef 号船员是职业理发师，正抓住起航前的最后机会为船队募捐。

10英镑一头，半天收入一百多英镑，另一位金发女郎在旁边帮着收钱，协作“营业”的她俩将一起纵穿南北大西洋。

剪发的速度和效果都非常惊人，“船头理发店”没有镜子，只能根据身边走过人群的表情来猜测效果。不过这些“顾客”们似乎都不太难缠，第一赛段的航行大部分时间在热带，其中包括跨越赤道，34天不能洗澡洗头，发型唯求够短。

一群从未涉足大洋的人驾着船乘着风把世上的异国他乡都走一遍，去往那曾被当作大地尽头的天涯海角，何等疯狂，何等浪漫！

他们在这一天以前的身份是律师、公司总裁、医生、护士、主妇、会计、教师……翟燕丽是一家外企的英文翻译，她工作的公司在连云港加工从丹麦进口的生猪肉，工作餐顿顿红烧肉。

三亚号夹在西雅图号和青岛号中间，甲板上堆着很多超市的空纸箱。几个水手在船头检查缆绳。翟燕丽并不着急和大家打招呼，她想，未来有一个月的时间互相认识。她的兴奋中有点担心，她在参加克利伯之前从没有玩过帆船，赛前一个月的训练，她也不知道还记得多少。

训练港口在克利伯总部戈斯波特，训练分四周，前三周18名大使船员被分成两组，分别使用训练船训练。最后一周合在一起，与船长温蒂一起用三亚号赛船训练。

第一周是适应船上生活，每天训练结束后靠岸。虽然住在船上，但还能享受到岸上的设施，比如抽水马桶和淋浴。

第二周是安全培训及离岸远航，由英国皇家海军的训练师教授海上求生技能，然后离岸航行，每天住在海上。

第三周是进阶培训，主要是训练球帆的使用。

第四周船长温蒂亲自操练，训练结束前，所有队进行两天一夜的

起航之前

英吉利海峡穿越赛，让水手们感受远航。

每一周的训练官都会对水手的能力进行评估，最后要经过温蒂船长的考试，以确认具备离岸远航的资格。很多人四周训练未完成就打了退堂鼓，三亚号 18 名大使船员全部一次性通过了考验。

回到人声鼎沸的利物浦阿尔伯特码头，很多游客在入口处排队等着参观赛船，他们的眼神里全是问号，为什么要环球？为什么？而在船上接待他们的“主人”们，脸上保持着镇定和自信，但没人给得出什么令人信服的理由。为什么？他们怀揣着跨越海洋的梦，坚定或是疑惑，到了这一步都是非去不可。

三亚号的澳大利亚女船长温蒂远远走来，腰身挺拔，步伐轻快。她比一个月前训练时瘦了不少，穿着一件圆领藏蓝航海衫，黑色工装裤，银灰色航海靴，戴副宽边墨镜。刚剪短的金色短发卷曲着指向四面八方。她提着两个空油桶，一步跨上了船，翟燕丽追上去喊了声：“温蒂。”

温蒂回过头咧嘴一乐：“你好，爱丽丝。真高兴又见到你。”

爱丽丝是翟燕丽的英文名，漫游童话仙境的那个爱丽丝。听到头发飞扬的“海中女妖”竟然记得她的名字，爱丽丝心里一暖，伸过手去想握住温蒂的手，可是只抓到了温蒂送过来的胳膊肘。

“每个人只能带 20 千克上船，不要的东西不能带，否则对别人不公平……凯瑟琳在下面，你问问有什么能帮忙的。报到了没？……去领队服，队服也算在重量里。睡袋和航海服不算重量。多的东西必须扔掉，我可不想船太沉……”

温蒂嘴里絮叨着，人已经爬下了舱口。爱丽丝站在甲板上，近在咫尺的观众们的热情呼喊突然间消失了，桅杆上的各种旗帜被风吹得乱舞，刚保养过的绞盘在阳光下闪闪发光。

即将带领大家越过大洋的女船长出场了。

严肃的温蒂让爱丽丝更加担心起操作流程，她翻出训练日记，第一篇里她写道：

2017 年 6 月 23 日，18 名大使船员抵达了英国戈斯波特港口。

4 点半船员集合报到，我们被分成两组，在两个船上训练。船长和船长助理带我们上船，船长让我们把所有的包放到船舱，然后重点介绍了 68 英尺训练船的床铺，告诉我们接下来二十多天，这就是家。

我们到厨房写下自己喜欢喝的热饮，选择有咖啡、热巧克力、柠檬姜茶、红茶、绿茶，我写了红茶。船长让我们都回到甲板自我介绍，船长助理做饮品，克利伯的正式培训就在英式下午茶中开始了。

自我介绍之后，船长隆重介绍了训练船上的唯一长期住客“假人 Bob”，因为船上大部分是中国人，船长让我们给它起一个中文名字，于是我们决定叫它宝宝。宝宝是训练落水救援时的陪练，从训练的第一天开始，每天至少要把它扔入水中一次，演练救生步骤。

船舱里的灯有两种光，白天用白光，晚上调到红光。开关船舱盖，要大喊“Hatch open（开仓盖）”“Hatch close（关舱盖）”，以免开关时伤到人；上厕所要边用边冲，不然可能会堵住；厨房的燃气罐在船尾，用后必须关紧；以及其他很多航行中必须注意的细节。最后我们把救生衣拿到舱外，逐个吹气又放回舱内，24 小时后检测是否有漏气的。这在正式比赛的每次航行前都要做一次。

船舱狭小的空间五脏俱全，满足基本生活所需。因为是赛船，不讲求舒适度，最让我不适的是柴油味很大，睡得很不踏实。

我很早就醒了，走出船舱，发现天下着毛毛雨，阴雨中的码头安静无风，空气中满是海水腥咸的味道，新世界的一天就这样开始了。肚子饿，就着昨天的意大利面酱吃了一片面包。吃饱了发现对于船舱里的柴油味，竟然开始习惯了。吃完橘子，皮儿留着，嫌有味儿就闻一闻，还真有点儿用。

此刻觉得像是在梦中，成为三亚大使船员，参加英国帆船培训，不久的将来还会乘风破浪跨越大洋。现在每天就是吃饭、睡觉、学帆船，没有烦心事儿，30 岁之前还有这么一段无忧无虑的时光，我真的是世界上最幸运的人。

看到这里，爱丽丝心神定了下来，世界上最幸运的人要起航了！

8 月 19 日，赛前插曲。

正冲着利物浦港的利物浦市政厅，建在一条大路的尽头。典型的大英帝国鼎盛时期建筑，高大的石柱顶着巨大的镶金穹顶，被各种现代的玻璃外墙高楼大厦夹在中间，让人想到威严有故事的祖奶奶。市政府议员开会的大礼堂内，“2017—2018 赛季克利伯环球帆船赛”正在这里召开第一赛段起航大会。12 个赛队，240 名水手，其中包括 100 名即将环球的全环水手，在这里集结，即将挥别陆地。

罗宾爵士走上发言台：“我很抱歉，第一赛段你们不能上网了。我亲自催了卫星通信公司的所有人，但就是弄不好。我可以把他们负责人的邮箱给你们，咱们一起骂他们。请向你们的家人转达我的歉意，告诉他们你们都很好，只不过要失联一阵子了……”

台下一片哗然……克利伯承诺每人每赛段可以申请共 5 兆的文字邮件，远洋上网靠海事卫星，虽然速度和拨号上网没多大区别，但聊胜于无，除了向家人朋友报平安，很多人计划每天写博客，到比赛结束后修成“朋友圈网红”。现在没了网络，怎么办?!

没有网络也意味着在之后的一个月里，肩负向世界展示三亚风采的三亚号将无法将海上的精彩历程传回。经过紧急讨论，唯一的解决方案是用接收天气数据的通道传送稿件图片和视频，而这必须经过船长的同意。

杀气腾腾的三亚号船长温蒂·塔克，52 岁的澳大利亚女水手，11 次参加悉尼—霍巴特帆船赛，澳大利亚帆船运动名人堂成员。她的澳大利亚英语语速奇快，不论说正事还是说笑话都像在发脾气。掌舵的时候她常常紧皱眉头咬牙切齿，而那只是她的“掌舵脸”，她若真发起脾气来，活像“雷神电母”现世。

对于好战好胜的温蒂船长来说，和比赛无关的一切都是累赘。三亚号是 12 支队伍中唯一一支配备全程媒体船员的船队，等于始终比其他船队多带一个人和 20 千克的设备。

媒体船员在温蒂眼中，平日等吃等睡，发生紧急情况还要碍手碍脚地拍摄。她第二次参加克利伯是奔着冠军来的，凭什么一上来就平白无故比其他船多负重这么多？

何况媒体船员每天都会发回独立报道，航行中的战术真相，她可不想让其他船队知道。

“媒体船员必须有。”三亚组委会寸步不让加软磨硬泡，“我们相信温蒂船长高超的航海能力，哪怕比别的船多负重也能获得好成绩。媒体船员很有经验，他可崇拜你了，一定要见证女性首次获得环球比赛冠军。”

一年后，三亚号成为“2017—2018 赛季克利伯环球帆船赛”冠军，温蒂船长和三亚号一起留名世界航海史，三亚号那些传播到世界各地的视频、图片和文字故事，成为全体船员美好的回忆。

一切都像是罗宾爵士为三亚号颁奖时所说的：媒体船员是最好的安排。

第一赛段　利物浦—埃斯特角城

第一赛段从英国利物浦出发，穿过南北大西洋和赤道，最终抵达南美洲乌拉圭埃斯特角城，历时 34 天，三亚号实际航行 6909 海里。这一赛段的航线是 2017—2018 赛季新设的，为克利伯历史上最长的赛段。

起航仪式，各队依次走下码头，三亚号宝石蓝色的队服上鲜红的国旗闪着光，爱丽丝笑得眼睛眯成线，举着队旗走在最前头。瘦瘦小小的黄皮肤黑头发女孩，后面跟着的各种颜色头发的水手也在笑，未经风浪的脸白皙忐忑。

轮到三亚号解缆，白色的船身上，彩虹色的“Sanya”字形被设计成了凤凰的样子，线条从船头流淌到船尾。甲板上的水手穿着蓝色队服，黑帽黑短裤。主帆吱吱嘎嘎地升起，上面鲜红的大国旗展开。11 个月后，这面国旗将再次回到这里，带着环球的荣耀。

起航的阿尔伯特码头紧挨利物浦河，见证了英国航运业的百年兴衰，当年各种货物在这里分包，通过运河和火车运到英国各地。

亲友团租船跟在舷边，几十个人高喊着水手的名字。52 岁的麦克·风站在船尾冲着观众挥着手，红了眼眶，突然开玩笑说：“现在退出还来得及吗？”他借着一笑，偷偷把眼泪流了下来。

温暖泪光中，温蒂一声大吼：“没事的去前面压舷！”大家吓了一跳。

“你们二十几个人加一起两三吨重，对船速度影响很大！从现在开始，醒着就要把自己的重量放在该放的地方。甲板上值班，不许坐在中舱，风大到上风压舷，风小到下风压舷，尽量靠近桅杆，船尾永远不许超过两个人。”

在温蒂的吼声中船上一通忙活，岸上不明所以的人们掌声不断。人群里有给亲友送行的，有纯来看热闹的。其中有一个利物浦当地女医生安妮，威风凛凛的温蒂让她钦佩不已，当场报名受训，6 个月后，她赶在太平洋赛段之前，加入了三亚号。

坐在船头的爱丽丝没听见船长的话，赶紧问两边水手：“船长说啥？”

“我也没听清……把体重放在该放的位置？”金兰丽慢悠悠地回

温蒂掌舵

答。三亚号环球航行就这样有些手忙脚乱地开始了。

金兰丽，全环水手，50岁，来自苏格兰，她短发灰白，身材修长，眉目清秀，温言细语。她被选中成了克利伯宣传大海报里的“女明星”，每个码头都竖着她奋力拉绳索的巨大照片，鼓励着和她一样或许不再年轻但仍然内心狂野的人们卸掉心防去环球航海。

船上聊天，大家最爱打听的就是彼此来克利伯的初衷。金兰丽说：“船？我从没玩过帆船！海？我可能会晕船！运动？我不太爱运动！那我为啥来？我也不知道……我爸爸在世的时候特别佩服罗宾，他一直说要去环球航行……我刚关了我的画廊，也要离婚了，中年危机……没有比这时候更适合来一场远航的了。”

来挑战这场远航的很多人，或是在寻找，或是在躲避。要躲的都清清楚楚在那儿，要找的却谁也不知道在哪儿。理想带在心里还是留在了远方，静下心来才知道。不迷惑的人妄自幸福着，迷惑的人谁都帮不上忙。最怕环球一年下来依旧混混沌沌，自己和别人的心思混在一起，成就了半天的梦想，却并不全属于自己。

离开所有家人朋友、温暖的房间、干净的衣服和足够的食物，离开已知的世俗“幸福”和生活“必需”，由奢入俭，“反幸福”寻找“新人生”。当衣食住行一切都混乱无序的时候，真正的挑战才刚刚开始。

一群业余的人做一场疯狂的事。逃出人设？上山下海，非孤胆试炼一场不可。

8 月 22 日，三亚号驶出了英吉利海峡，转过法国布雷斯特海角，正式进入大西洋。1880 年的这一天，北洋水师学堂建立，船上课程包括“大炮、洋枪、刀剑、操法、药弹利弊、上桅接线、用帆诸法”。

帆船和火炮，让欧洲把全世界翻腾个遍。“日不落”大英帝国子民如今更是走到哪儿都一副“祖先到过”的富 N 代土豪气。

2015 年，郭川船长曾开车载着即将挑战北冰洋的大主帆来到布雷斯特，绞尽脑汁寻找更便宜的修帆方法。三亚号媒体船员明浩当时就在那辆车上。一年后的 2016 年，明浩和郭川船长一起把船送到旧金山，郭川开始了挑战，却失踪在太平洋里。

“人为什么要远航？”这个问题时时在明浩脑中响起。他在日记里写道：

（20 世纪）60 年代出生的郭川船长是一位不甘于平凡的冒险家，生于青岛长于北京的四川人，曾经拥有旁人看来非常顺遂的人生，从学霸到稳定的事业单位科研人员，到国企的高薪高管，然而稳定庸常的生活不能令他满足，总有一个声音召唤他去追寻挑战，他潜水、跳伞、玩皮划艇……直到在香港偶遇帆船。帆船远航，这么复杂，这么艰苦，航行似乎永远没有尽头，就像人生老是没有答案。郭川曾说自己性格就是这样，不够难的事情没兴趣，不好玩的事情做不久。

在茫茫大洋上独自航行，船长，这到底有多好玩？

温蒂赛前布置：第一赛段前半程三亚号的策略很简单，盯紧 Unicef 号。

Unicef号船长鲍勃有超过30次跨越大西洋的经验，起航时Unicef号正好在三亚号附近，两艘船齐头并进，三亚号处于下风，掌舵的温蒂不停向上风抢着速度，两艘船越靠越近。鲍勃看到老朋友心情不错，冲着温蒂大喊："午饭吃啥？"温蒂戴着黑框老花镜，闻声头都没歪大喊一句："你的浪影响我的船速了！"把正打招呼的两船水手吓了一跳。

三亚号借机超过Unicef号冲出了起航线。Unicef号水手们无声地问："34天的比赛……需要抢这一下吗？"三亚号水手们更是心下念叨："不是要跟着Unicef号吗？"

天刚擦黑，身后的Unicef号突然换上了球帆，转向岸边航行。正在倒班休息的温蒂闻报大喊换帆、转向。等到换完帆天也黑了，Unicef号不见了踪影。导航电脑上，船只电子识别系统显示出30海里内的船。Unicef号、西雅图号和三亚号航向相同。

西雅图号女船长妮妮刚满23岁，是克利伯最年轻的船长，两次跨大西洋最佳年轻水手奖获得者。金发蓝睛，翘翘的鼻头，笑起来嘴角扬起两个酒窝，圈粉无数。也不知是她实在太强，还是女生之间微妙的竞争关系，自从她出现在三亚号身侧开始，温蒂就不太管Unicef号了。

妮妮（左）和温蒂

"她换舷了！准备换舷！"对其他船温蒂一般称呼船号或者舵手的名字，只有当西雅图

同舟共济

号靠近时，温蒂才会急三火四地喊“她”！

球帆鼓鼓地在船头扯着船破浪而行，天气预报说将有很长一段时间持续向南的顺风。西雅图号乖乖地在身边航行着，至少今晚不用折腾换帆了。

起航第四天，比斯开湾。

天刚亮就收到克利伯总部发来的消息，绿色国际号船长右手虎口被缭绳割伤，伤势相当严重。

事发时是风高浪急的深夜 11 点，比斯开湾的海水疯狂嘶吼着。绿色国际号升球帆，多余的缭绳没有收好，缠在了一起。正在指挥换帆的船长戴夫，没有多想就抓住缭绳。突然一阵狂风吹来，球帆瞬间打开，缭绳一下子被带出去十几米。能拉住几十吨重量的缭绳被绷得

PSP
ChartCo

CLIPPER
ROUND THE WORLD
GARMIN
TS

像钢铁般坚硬，粗糙的绳皮磨穿了手的皮肤，沿着虎口像锯子一样锯了下去……

戴夫事后回忆，他的手像是豆腐碰到了钢丝，还没觉察到疼，整个大拇指和手掌就只剩一条皮连着。

幸亏绿色国际号上有一位水手迈尔斯是神经外科医生，他和岸上的医疗专家都认为，要想挽救船长的右手，必须在12个小时内把断指接上。出事地点离最近的葡萄牙海岸450海里，按照天气情况，开船最快也要两天才能抵达。葡萄牙海岸警卫队的军用直升机SA330可以在6个小时内往返450海里。

但风高浪急，漆黑的夜海上，直升机无法救援。

船队在总部的电话指挥下连夜降了所有的船帆，开足马力向着葡萄牙狂奔。代理船长代替船长指挥，离绿色国际号最近的利物浦2018号待命支援。每个船队都有两名水手被训练做代理船长，在船长不能工作时带领船队前进。

时间在流逝，迈尔斯昨夜在颠簸的船舱里给断指做了止血、固定、包扎，船长戴夫躺在那儿看着10天前还从没远航过的医生、学生、办公室职员，为他的手指驾船狂奔。

一夜咆哮后，海浪在清晨平息了下来。大西洋升起一轮橙红色的太阳，照亮了天际线。天上云彩不少，能见度很好。葡萄牙海岸警卫队派出的固定翼飞机天刚亮就飞来确认了船只位置，检查了水域的天气情况。救援直升机随后赶到了。

不可能直接从帆船上吊人离开，摇晃的桅杆和支索有可能挂住直升机吊索从而变成更大的灾难。只能让伤者跳入水中，再尝试从海里把人吊起来。因此绿色国际号上的业余水手们面临着一个巨大的挑战：如果直升机救援失败，如何把一只手支离破碎的戴夫从水里救回船上？

每个合格的克利伯水手都练习过最少 20 次海洋救援，经过简单安排，救援水手、瞭望水手、辅助救援、大嗓门的传令水手、把伤员吊出水面的强壮绞盘手、准备吊起救援水手的第二绞盘手、准备向过往船只求救的通信官……全体就位。一旦直升机营救失败，这一套练了多次的海洋救生机制就将启动。

每个岗位的人都清楚自己和别人的任务，紧张的气氛里，所有的水手都意识到，自己和身边的人同样值得信任。同舟共济，才能跨过这片海洋！

戴夫举着包得像个枕头一样的手，穿着干式航海服跨进了水里。能成为环球船长是他一生的梦想，漂在水上看着队员们焦虑的脸，他心中生出一种背叛了船队的感觉。他始终微笑着，让船员看清他的放松，这是他能为船队做的最后努力。

最终，海岸救援队戴着脚蹼的救生员，把戴夫用担架吊上了直升机，然后迅速向着葡萄牙奔去。

船长安全获救，绿色国际号上一名职业水手也没有了，然而船员们经过讨论决定继续用帆航行。毕竟发动机开到最大也只能产生 8 节[①] 的速度，而按照当时的风力，70 尺克利伯赛船轻松就可以达到 10 节以上的巡航速度。40 小时后，绿色国际号的业余船员们成功地把船开到了葡萄牙。组委会以船长失误为由，给了绿色国际号长达 52 小时的补时，并委派赛事副竞赛官、上届赛事亚军丹尼尔成为代理新船长。他的任务是稳定军心，把船队顺利带去乌拉圭。

---

① 节，国际通用的航海速度单位。每小时航行 1 海里（约合 1.852 千米）称为 1 节。海水流速和鱼雷速度也多按节计算，也用于风及洋流的速度。

400海里外，三亚号和西雅图号亲密的鏖战也不得不暂停，因为我们都撞风洞了。

风洞，风洞，风洞——这是个伴随三亚号一整年，令人抓耳挠腮又毫无办法，来得毫无征兆，让人无处可逃的家伙。风洞是气象系统的高气压中心，风洞里没有风也没有云，靠风航行的帆船进入风洞就像是进入速度的黑洞，风洞里的帆船，随海水起伏微微荡漾，原地打转或随洋流乱漂，每个人都只能傻傻盯着海面，等风来。这时无论海水多蓝，海豚和海鸟多活泼，水手们的心中都只有绝望和焦急。

原地打转二十多个小时后，三亚号才终于抓住一阵微风逃出风洞。而这时三亚号的排名已经从第一掉到第七，西雅图号变成第六。走远海的青岛号、大不列颠号和勇往直前号则后来居上冲到了前三的位置。

撞风洞而导致名次改变的一幕在环球航行中出现了不下20次，这本书里只挑选了两三次噬骨销魂的经历，絮叨叨描述那份无奈。

落后让温蒂船长急躁起来，在赛前她曾给所有人发邮件，希望大家多担待她的坏脾气，此刻只见温蒂手扶舵盘，指点风云，一头金发散开，吼声盖住了风浪。

“拉！用吃奶的劲儿拉！”

“干你自己的活！”

“不干活的人回来！”

“愤怒的温蒂”建立了唯我独尊的管理模式，事实证明这对于维护水手安全和取得好成绩很有效。但温蒂“虎妈”式的管理方式不是谁都能学的。

第一，温蒂作为资深教官有丰富的教学经验。在完成了上一届环球后，她对于新手在克利伯 70 赛船上常犯的错误有足够的了解，甚至能在做动作之前就纠正水手。

第二，温蒂的远航经验丰富，对赛况的预判准确，遇到问题提出的解决方案非常高效。有帆船经验的水手都对温蒂非常信服，而缺少航海经验的水手会学习有经验水手的行为。

第三，温蒂不停强调在同样航行条件下争取领先。素不相识、性格各异的水手们组队参加比赛，“争先”成为最容易理解的团队精神，取得好成绩后更加强了船员对“争先”精神的认同。

第四，生活上温蒂事事亲力亲为，以身作则。她常说：“没有任何工作能等一会儿再做。”作为船长，温蒂是清理舱底积水和厕所污渍最多的人。

船长的严格可以找到无数理由来解释，但船上很多人在本职工作里就是管理者的角色，突然转换到“完全服从船长”的模式还是很难适应，怨气慢慢累积，为开篇的那一幕埋下了隐患。对于三亚大使船员们来说，毕竟母语不是英语，温蒂“暴吼式”的指令格外增添了适应船上生活的难度。

起航前，翟燕丽在船上接待观众来访。这位看上去瘦弱的小姑娘让大家很好奇。

“你怎么会想做这么难的事啊？”

“不难的事不值得去做。”小姑娘有大骨气。

瘦有好处，别人挤不上去的床位爱丽丝睡着还绰绰有余。船友们更被她弱不禁风的表象“蒙蔽”，都时不时凑上来关照两句。结果不出十天，谁家几口人，都做什么工作，爱丽丝都打听得清清楚楚。自认为万人迷的俄罗斯小伙儿迪马主动凑过去“争宠”：“爱丽丝，你在船上最好的朋友是谁啊？”

没经验的水手从绞盘手做起，边做苦力边学习，风浪小了才轮得着练习掌舵，风浪大了由几个经验丰富的老水手执掌。很多人对掌控这艘 70 尺大船不太自信，但爱丽丝可不想跨赤道又跨大西洋却只是个没在大风浪掌过舵的“冒牌跨洋水手”。

怎么从一堆自以为技术高明的大男人手中抢到舵盘呢？小姑娘有办法，人多手杂的时候，爱丽丝先躲在温蒂旁边看，温蒂的话她听得最清楚，需要补位时她反应最快。几次下来她不用温蒂提醒就能发现问题，温蒂常大吼着称赞她：“有眼力见儿！”于是爱丽丝见缝插针私聊温蒂：“下次教我掌舵吧。”

机会终于来了。这一天船在大顶风中颠簸行驶，几个水手把船开得梆梆乱震，值班做饭的麦克·风边做饭边咬牙切齿地嘟囔：“太顶风了！主帆太紧了！”他一直按着锅，防止锅里的东西撒得到处都是。每次震动都会让船失速，好舵手该尽量让船顺畅地前进。

突然船停止了震动，麦克·风回过神来，探头惊呼：“舵位居然是空的?! 我们有自动舵吗？”娇小的爱丽丝被防浪架挡在后面，不注意根本看不见。

“爱丽丝掌舵和她人一样温柔。”迪马称赞道。

饭做好了，操作台上排开 22 个饭碗，碗里盛着这一天的午餐：五六块煮土豆和几段煎香肠，吃素的温蒂是土豆和豆腐干。每人分到的饭少得可怜，但煎肉的香气弥漫开来，还是让水手们充满了期待。突然，船头翘了起来，紧接着整个船身像是失重般飘了起来。在厨房操作台边的几个人马上扑向刚盛好的饭碗，用胳膊、胸口压住尽量多的碗。

乓！一声巨响，船砸回水面上。前后不过一瞬间，却被内心的惊惧拉长成了慢动作。迪马熟练地把操作台上的香肠拣到嘴里。

麦克·风伸头一看，汤姆·猫猫换下来爱丽丝，两眼放光地站在舵位后面，神采飞扬，一副与天斗其乐无穷的架势。

格林问爱丽丝："感觉怎么样？"

"太好玩了，船长一直在教我，鼓励我多练习。"

"你可真行，这么大的浪我都不敢去。"格林摸摸脑袋说。

"哈哈，谁信你有不敢做的事情啊？"爱丽丝早套出了格林的陈年糗事。

家族修车店老板兼汽车修理师格林，英国人，52 岁，身材矮而结实。年轻时曾经是竞速划水项目英国国家队队员。竞速划水，就是运动员脚踩一个滑板，被摩托艇以 180 千米的时速拖着在水面上比快，最多时 30 条船一起出发，是世界上最危险刺激的运动之一。

1999 年夏天，34 岁的格林正在卡车修理厂干活，突然接到国家队的电话，有一场在美国举行的重要比赛，需要格林以第一替补身份参赛。

消息来得突然，那时格林的二女儿刚出生一个月，心痒难耐想要比赛的格林心里清楚，老婆肯定不会同意他丢下产妇和幼女一个人去美国比赛……但是不去怎么行。年轻的格林有办法，那就是——

"不告诉老婆。"

格林家都没回，直接从工厂去了机场。

比赛如格林预计的一样嗨翻天，不过比赛结果他并不记得了，因为后来发生的事把关于比赛的一切记忆都冲刷掉了……

美国比赛结束后格林回到英国，出租车刚在路口转过弯，只看到家的方向浓烟滚滚。心虚的格林下车一看，好家伙，老婆把家里所有属于他的东西，衣服、鞋子、牙刷、足球……全都扔到了门口的汽油桶里，算好他回来的时间，一把火全烧了。

格林没能得到老婆的谅解，只好离婚。已经有两个孩子的格林、玛丽夫妇分工照顾孩子，白天格林带孩子去修理厂，晚上从学校下班的老师玛丽再把孩子接回家。

这样过了一年，天天见面的两个人旧情复燃，19岁结婚，34岁离婚的他们又决定复婚。

又结又离纠缠33年，2016年的圣诞节，当年为格林擅自离家生气离婚的玛丽送给格林的礼物是克利伯环球帆船赛的前三站船票。

小个子暴脾气又不差钱的格林发起火来："又想踢我出家门?!"一气之下买了环球船票。

爱丽丝学掌舵

在三亚号上漂洋过海的一年里，常常有人一脸坏笑地问格林："你老婆为啥送你这样的礼物啊?"他挑挑眉毛摸摸头："玛丽说我该多看看世界。"

19岁到52岁，没换过老婆，没换过居住的城市，没换过工作，也没换过支持的球队的格林，就这么突然被发配到一艘23米长的船上一整年。

心灵手巧的格林是我们船上的"工程师"，负责修理各种坏掉的设备，不过他却是个电脑盲，对一切“智能”设备一窍不通，他晃了晃苹果手机说：“我不会发短信，但我从不关机。家族生意，你的名字就是公司的名字，我的客户有四千多，我认识他们每一个人，他们遇到任何麻烦都会24小时打电话给我，哪怕有时候根本就不关我们的事，我也会帮他们弄好。关键得让他们觉得我够可靠可信。”

格林出发前亲自跟每个客户打招呼说要离开一年，结果这些多年的客户、朋友们为即将失联的格林准备了一份大礼——

格林拿出一个大塑料袋，里面装满了写给他的信，五颜六色足有上百封，有的上面还有带戳的火蜡封印。

格林有点害羞地抽出一封粉红色的卡片，上面是漂亮的手写体，粗汉格林甜笑着说：“我们的年代都是写信的。”

航行寂寞的时候，想家的时候，遭遇风洞无抓无挠的时候，格林就会从他的大塑料袋里掏出一封信来。有一天格林掏出一张从书上剪下来的纸，说的是当年可口可乐进中国时，公司名字被翻译成“口渴口辣”的故事。格林说：“他们知道我不会聊天，让我带着，和中国人找话题，你看看这上面说的是不是真的？”

都说写信给你的人最长情，有什么记忆比得上那一大兜子纸信？

航行第八天，大西洋变脸了，海变成铅灰色，天空中的云层层叠叠，慢慢亮起来又慢慢暗下去，没有日出，没有日落。

风浪来了！船向左歪到足有40度，上厕所惊险得很，要用胳膊撑住墙才不会滑倒。三亚号有两个厕所，在船的中部，休息区的两边。每个厕所只有简易衣柜那么大，一个拉链的布帘子当门，完全不隔音。一个马桶，一个洗手池。水龙头没有淡水，洗脸冲马桶都是用脚踩水泵，从海里直接抽水上来。

风浪之中上厕所风险很大，因为歪得太厉害，船底进水口时不时离开水面，水抽得断断续续。把水泵一通狠踩，只见马桶里水越来越多，跟着船一起摇晃，但因为角度太歪，就是下不去……水面和马桶沿越来越近，和命运赛跑的人在厕所里玩了命一样踩着抽水阀，厕所内外的人都揪着心。终于，马桶轰轰冲下去的一瞬间，厕所里传出赌徒中了彩票般的低吼：

“Yes！”

很久很久以前，在某个咆哮的大洋里，有个水手在上厕所。他坐在马桶圈上，双腿因为用力稳住身体而紧张，括约肌跟着也紧紧夹住。他坐了很久也解决不了问题，马桶圈都黏在了屁股上。

突然，船迎头撞上一个大浪，被瞬间举起四五米，又马上垂直拍了下来。这个可怜的便秘水手和马桶圈一起飞起，又一起坐下去。只听一声惨叫，他的敏感部位被夹在了马桶圈和马桶中间。

自从20年前船长温蒂听说了这个著名的惨剧之后，她的船上就再也没出现过马桶圈。

温蒂船长做了一张排名表，上面有12个塑料片小船，贴在休息区，三亚是红色，其他船是蓝色。每次在休息区吃饭，举起饭碗，红红蓝蓝的纸片船都像活了一样在余光里晃啊晃，顿顿吃不踏实。领先时紧张，落后则闹心。

如果可能的话，温蒂会给每个人的床上都贴一个这样的表。在这个金发飞舞的澳大利亚人眼中，水手的潜力就像牙膏，使劲挤总会有的。

真的水手和很多人一样，也许来到世上就是为了挑衅生活。家庭幸福，工作顺利，儿女成群，有鲜花的阳台，有西瓜的炎夏……一切看似美好如画，但却令有些人隐隐恐惧，不断怀疑自己是不是误入人寿保险电视广告，在实现属于他人的梦想。

身处都市的他们只听得到远方的召唤，堵车时摇下车窗感受到的是高山的夜风，加班时空调房听到的是海的喘息。他们好像只能把借来的舒服和幸福悉数还回去，抛下一切即将或者已经到手的稳妥的“成就”，把自己交给蛮荒天地。走到脚起泡，吹到脸麻木，站在峰巅，漂在海心，物非人是，则味道也对，声响也对。此情此景，终究无法与人分享。

克利伯给了很多人一个到绝境去的机会。环球一圈的报名费需要人民币 60 万元左右，这是 60 岁的退休医院财务审计、“政委”凯瑟琳一生的积蓄。

凯瑟琳个子不高，左膝盖外弯，走路需要带着支撑架。灰白的短发衬着一双红红的眼睛，像一个时刻担心孩子的伤心母亲。事实上她没有孩子，相处半生仍相处不来的老公前年终于去世了，她马上决定退休、环球，在海上她的愿望是“变成一个管理者”。

半辈子的财务审计工作，让她成了挑错误的高手。看着别人总在犯错的边缘，从不犯错的她非常焦虑。

人生遇到无能为力的坎儿，期待海能盛下一切，成为救命稻草。可是陆地上做不到的事，海上能做到么？这样的“政委”又会和向往浪漫的水手们擦出怎样的火花呢？

全程结束后，凯瑟琳和相处一年的媒体船员明浩道别：

“我们撑下来了。”

“真的做到了。”

“我们没法喜欢上彼此……”话痨明浩克制着激动，想借酒劲儿和这个盯了他一路的人掏一回心窝子。

“但我们像家人一样爱着彼此。”“政委”马上纠正了明浩刚开始的错误表达。

媒体船员一时语滞。一年的朝夕相处，不喜欢还要互相支持依赖，也许真是家人的样子？

“……但我们熬了过来，一起成长了。”

凯瑟琳红红的眼睛闪烁了起来，“是的，我成长了好多，感谢你，让我知道了那么多不一样的想法。”

两人僵硬地拥抱在一起。

和不喜欢的人关在一起一年，这是充满挑战的体验。待闭关结束，那些潜移默化的改变和领悟，将是一生的财富。

风浪里，升帆拉缭绳的“政委”，稳扎马步，紧攥摇把，狠狠盯着前帆，好像她升的不是帆，是日月，不容错失毫厘。船长一声令下，她扯着高八度嗓子大喊着“Go！ Go！ Go！”

大家凑钱买的微型小冰箱放在船长床边，内胆和微波炉差不多大，被八千克鸡肉和四大盒黄油塞得满满当当。对于航行的策略判断信手拈来的温蒂船长，作为冰箱管理员却非常不靠谱。人们走过温蒂的吊床，总是隐隐闻到蛋白质腐烂的臭味，大家一开始以为是她那双第二次环球的航海靴的味道，不敢言语，但后来才发现是冰箱设错了温度，化冻了的鸡胸正在“暖箱”里默默发芽……速冻回去也来不及了，直到黄油都隐隐有了鸡屎味，大家才狠心把三大袋鸡肉倒进大海。于是这段航程剩下的四个礼拜除了些干香肠，就只能跟着素食者船长吃素了。

想要电视广告里那种丰衣足食的生活就别来远航了。眼前是无边天海，心中是对陆地的期待，胃中则常常是干干净净的一个“空”字。

船上的食材都是出发前精确计算好的，每天的菜单都有既定计划，食材按照每日所需包好贴好标签。船员轮流负责做饭，船上的这个职位叫“当妈”，负责全天的饮食，力争喂饱全船的“饿鬼”。

船上的午餐和晚餐都很简单，大锅煮为主。因为船上西方人多，所以菜谱也多是西餐。土豆，意大利面，非洲小米，地瓜等。每隔几天会来一次“盖浇饭”，算是中国元素。煮米饭的方法可谓暴殄天物：大米加满锅冷水，煮开 15 分钟后把充满米之精华的米汤倒掉。盖浇的东西本来是鸡肉配上罐头马蹄、罐头甜玉米、罐头竹笋等，但因为鸡肉已经拿去喂鱼，这道主角缺席的菜就全按照当值水手个人理解，做得时甜时咸。

“当妈”的人需要最早起床，根据大家的需要准备早饭。然后早午两次持续几个小时，在闷热的舱内切洋葱、切土豆、煮小米，每顿饭之后还要洗洗刷刷。船上的人们在岸上多是养尊处优的“白领”“金领”“银领”，相当多的人在家从来不做饭，所以状况频出。工程师格林有一次把煮好的土豆倒进了洗碗的脏水里，结果大家只能拿各种能量棒充饥。

汤姆·猫猫做了“没有鸡肉的鸡肉饭”，满头大汗地问爱丽丝：“是不是和在中国吃的一样？”

爱丽丝捧着湿答答的夹生饭，尽量含蓄地回答：“不太一样……我们不这么做米饭。”

“因为……我们做的是新加坡米饭。”

“……好吧……你做的饭你说了算。”

这天轮到爱丽丝做饭，午饭是煮土豆配煎腊肠，做起来不难。饭后她边拿海水洗碗边看烤面包指南：1.5 千克面粉配 18 克酵母，600 毫升温水揉成团，盖上湿布发 10 分钟，再揉一次，放到涂过油的烤盒里发 20~30 分钟，烤箱 6 挡 250 摄氏度烤 20 分钟。

好像怕水手不够忙，罗宾爵士给克利伯定下的一个传统是每天下午鲜做面包，以作为船员们第二天的早餐。

每每太阳缓缓落下海平面，恰是面包出炉之时。一开炉门，每天海水刷牙的人们会被来自土地的浓烈麦香熏得一惊。香气升到甲板上，闻者眼迷心慌；香气流到睡眠区，闻者梦里断肠。但馋是没有用的，这是给第二天早晨吃的，每每想到此处都觉得，海平面上的半个太阳长得好像个刚出炉的面包啊。切一片，抹个“老干妈”该多好啊。

爱丽丝捧着人生的第一个面包，幸福满满，胡言乱语，誓要回国开西餐厅。

航行第 10 天，进入热带了，人们在吊床上热得四仰八叉。

男水手脱得只剩三角裤呼呼大睡。化纤床单趴着闻得到淡淡的苦咖啡雪糕味。冰凉的雪糕，脆皮冻得硬邦邦的，满满的奶香，浓浓的甜蜜，一根根吃着满足无比。

虽然很清楚这实际是 7 天没洗澡的体味，但仍让人陶醉。

爱丽丝后背抵在舱壁上，玻璃纤维传来海水的凉意，也传来海水擦过船舷的声音，刚上船时闻到柴油味就会失眠的爱丽丝一下子就睡着了。10 分钟后甲板上大喊换舷。两面大帆都要换到另一边，空旷的船舱像个大音响，绞盘和绳索的吱吱嘎嘎声被放大了无数倍，但没一个水手被吵醒。船平了一秒钟后迅速倒向另一侧，原本在身子下面压着的舱壁变成了头顶天花板，本来舒服倚着冰凉墙壁的爱丽丝滚到了湿腻腻的蓝色防护布上。她已经醒了，紧皱着眉头仍觉得自己是在梦里。她伸手从床头摸到一个绳头，在手上绕了两圈后使劲一拉，床

准备降帆

的外沿被她拉起来了几厘米，床平了许多。她又在手上多绕了几圈绳子，再一拉，船恰巧一颠，她手里的绳子被拽了回去，刚拉起来的床摔回原样，她被防护布兜住，手被绳子勒得生疼，但她始终没有睁眼，摸索着把床又升起来几厘米，瞬间睡了回去。

中午 11 点半温蒂开午餐会，先是通报战况。一直和三亚号在东线纠缠的西雅图号球帆撕开了大洞，佳明航电号撞到了一根浮在海上的 40 米长橡胶绳，纳斯达克号球帆在前支索上卷了 6 个小时才摆脱开。利物浦 2018 号抓住一个半夜从冰箱偷煮鸡蛋吃的水手，惩罚措施是让他 24 小时内一个口袋揣一个生鸡蛋，不准弄破了！

除了没鸡肉吃，三亚号还算平安，远航竞赛的老话：没有故事就是最好的故事。

远处夕阳渐落，海气生云，远远近近千层不止，高高低低变化莫测。随风来往如万马奔腾，一泻千里，转瞬间又似崇山峻岭凭空而起。把生在内陆的爱丽丝看得瞠目结舌。

而海边长大的孩子，对海的另一边总是充满好奇。《北京人在纽约》最火的时候，少年望着大海，问老师，坐船多久能去美国？老师哈哈一笑：好好学习，长大买飞机票一天就到了。

多么合理又催人奋进的答案！

可总有些人，坐着飞机看遍世间繁华之后，总想要乘着风，破着浪，吃着没有鸡肉的鸡肉饭，去环球旅行。雪山峰巅的融雪，茂林深谷的涌泉，北海莲池一滴朝露，最终都要汇到海里。越活就有越多想不明白的事，非得到这无尽的大海上来想想。

举头环顾四方五色，从赤橙到靛蓝，自然流转，脚下航船被映得虹彩非常。风催船进，破开海面，水波染着霞光远远荡开直抵天边，与最后一抹余晖共隐于海平线上。此情此景，听海鼓浪拍船而歌，邀月掌舵观帆自得。

爱丽丝眼中湿润，念叨着：何等幸运，浪到此方。

船长病了，不发热但是失声、头痛。头痛可能是哑了不能大叫，憋的。

很多人也不舒服。前甲板手汤姆·猫猫连续两天没上甲板工作。

汤姆得花名猫猫，是因为金发金胡子的他像只猫一样毛茸茸的，作为前甲板水手，他能像猫一样灵活地上蹿下跳，做完事他能最快速度在甲板上呼呼噜噜地睡着。而且《猫和老鼠》里面的猫就叫汤姆。

汤姆·猫猫是英国约克夏内陆一个音响设备公司合伙人，从来没航过海。他想在30岁前做一些自己没做过的事，“成为环球水手应该能在我们村找到媳妇了吧。”

汤姆·猫猫人很聪明，说话搞笑，花样百出。起航前温蒂的煞气把别人吓得哆哆嗦嗦，汤姆却拿个废线头做了一个温蒂头发飞扬的人偶贴在了仪表盘上，逗得温蒂哈哈大笑，让气氛轻松了不少。

有天早上汤姆发现自己屁股上长了湿疹，船上没有镜子看不到具体情况，摸上去疙疙瘩瘩一片，痒痒的。挠了一番后变成沙沙地疼。他换了内裤就上甲板换帆去了，一个浪打来从头到脚湿了个透。太阳很好，等到下班，体温差不多把衣服都烘干了，他大大咧咧地回床睡觉。过了两天，屁股疼起来，火烧火燎地沾不了凳子，他趴在床上疼得喵喵叫。

负责医疗的英国人老周，人狠话不多。一米九三的大个子，长了个华山天险般的大鼻子，抬起头来鼻尖到地得有两米多。他过来一看，汤姆的屁股上两边都红了一大片，局部隐隐有些发黑。皮没破，体温也不高。

老周拿来医疗箱，用治疗皮肤的乳膏把汤姆屁股厚厚抹了一层，汤姆疼得龇牙咧嘴，嘴上还不忘了贫，"我的屁股性感吗？"老周鼻孔一张，哼了一声，"你没听过皮肤溃烂导致截肢的故事么？"

"我是屁股疼，截肢那不是下半截都没了？"

船一颠，老周手里的棉棒重重地戳在了汤姆的痛处。

"喵……"

航行第 12 天，全程第一个要争取的附加分出现了。每一站都有两个获得附加分的机会，海洋竞速跑后面再介绍，这里先说得分门。前三名通过得分门的船队有附加分，剩下的船队没分。此刻走外海的青岛号和大不列颠号基本锁定了前两名，三亚号暂列第五。天气情况对近岸的船队不利，但只要温蒂还是船长，她就不会放弃任何一点争先的机会，哪怕她正病歪歪的。

整个下午风和日丽。傍晚时分，太阳从云彩下沉入海底，云和海像是上下眼睑，夹着个金色的眼珠。头疼的温蒂决定给自己放个假，睡个整夜觉恢复体力。入夜后云层越来越厚，盖住了所有星星，海面开始起雾，能见度很低，简直像是海妖做法的道场。没过多久瞬间风力加大到30节，狂风吹散浓雾，把船吹得飞起来。连续几个大浪把船抛得乱响，温蒂睡不住了，拉开毯子，跳起来就往外走，原来睡了半天的她连航海裤都没脱。

“三级缩帆！”温蒂哑着嗓子说，像是漏气的气筒。

而三亚号环球的第一难还是来了！

哑嗓子的温蒂还没爬到舵位，狂风就吹起来了，大前帆被风吹得鼓鼓的，拉着船倒向水面，船也跟着跑偏，舵手很难保持船的前进方向，必须换小一号的帆，不然越跑越偏。船头隐约看到雨云，船长哑着嗓子喊着：“换帆！”

雷飑（biāo），英文是thunder squall，指由对流旺盛的积雨云引起的伴有闪电雷鸣和强降水的局地风暴。雷飑无法预测，经常表现为一团孤零零漂浮的云彩。标志是云层厚度大于云层和海的距离。帆船闯入雷飑要小心应付，一不小心就是撕破帆甚至折断桅杆这种大麻烦。

俄罗斯战斗民族水手迪马曾经抱怨过：“没有雷飑算什么热带啊。没见过雷飑都不好意思说自己跨过大洋。”大家撇撇嘴，对战斗民族的烦恼不敢苟同。有几个按照迷信习惯敲了敲木头，坏的不灵好的灵，让我们远离雷飑一路顺利下去吧。

浪高了起来，船被不断提起又扔回水面，船头扎入水中，挑起一片片碎浪花，漫过前甲板。湿漉漉的几个人摸着黑连拖带拉，带着帆往船头爬过去。

大个头老周充做前甲板手，他锁好安全绳，攀上船头开始降帆。船长丝毫没有减速的意思，船在二十几节的迎风里保持了11节船速。

降帆还算顺利，但小前帆升到一半，一个浪打来，船头重重一顿，把所有人震倒，前帆一下子抖开，瞬间被风兜起来。用来把帆固定在前支索上的黄铜金属扣在空中像流星锤一样乱飞，缭绳疯狂地抽打着内支索帆，哗啦啦地增加着声势。船长一见不妙，撕扯着喊：

“降帆！抓住下帆边！”

帆边在船上空五六米的空中狂甩，怎么抓啊？前甲板傻了眼。前甲板的法国水手阿奔和老周都被狂舞的黄铜帆扣逼退了。另外的人紧紧抓住后帆角，和落在水里的一大半前帆较着劲，一筹莫展。

“你们几个熊包让开！”船长冲了上来！只见她一手抓住护栏，另一只手伸出去一通挥舞，绕开了狂舞的金闪闪黄铜锁扣抓住了下帆边。

“跟着我拉！”船长哑喊着。

水手们手上的老茧被刚才一通折腾泡得发白，法国人阿奔第一个挪到船长旁边，嘴唇上下咧开，咬着牙，用力捏住能碰到的一切！

“一！二！三！拉！”不知道这种原始的三一节奏呼号到底有什么魔力，总之小前帆一点点回到了甲板上。

不过麻烦远没结束，有三个铜锁扣被拉变了形，铜锁扣小指粗细，一斤多一个，被风浪生生掰弯了 90 度。整面帆卡在支索上，想把帆拆下来只能用钢锯把铜扣锯开。

哪怕在设备齐全的操作台上用电锯切金属也要万分小心，何况在颠簸的大西洋上。

老周和阿奔在船头奋力锯着，他俩的光头上上下下，背景一会儿是星光一会儿是海浪。锯子不断被颠开，刃口在头灯照射下寒光闪闪，呼应着船尾温蒂通红见亮的双眼。温蒂上一届比赛带队完成环球，知道这些业余水手刚开始操作专业赛船问题会很多。她必须找到办法不断激励水手们学习成长，来应对即将到来的南大洋和北太平洋。

花了 10 分钟才换好了锁扣，老周和阿奔从脚湿到了头。“重新升帆！”没想到刚升了一半，帆突然掉了下来。温蒂气急败坏地看着半空中晃着的升帆绳，“往上拉到顶，别缠了支索！换另一根升帆绳！快点！……别计较谁打的结了，恢复速度！”

这么两个小时折腾下来，换好了帆，雷飑也差不多过去了。

温蒂睡意全无，待在甲板上继续掌舵。没有月光的黑夜，平静下来的海和天都失去了细节，温蒂两手腕像弹钢琴一样压下捏住舵盘，轻描淡写地揉着，把三十几节的风化作绕指柔，太极一般的气韵流转到船上，身后的舵片划开海，声音像高手打出的低音鼓，不急不缓，船在这鼓点里摇摆，一眼一板。

温蒂曾和一个盲人舵手一起航行。

“他靠感觉吹在脸上的风来掌舵。就像和船一起在风中穿行，没有任何滞涩。耳朵好像帆的延伸，一起听着风。”

我想象那盲人舵手站上舵位的一刻，全船人都不说多余的话，让他和船合为一体。船变成张开翅膀的大鸟，帆也好像活过来一样自己在风中摆动。如果给那舵手画笔，他一定能画出风的样子吧。

奇怪的是，第二天早晨，折腾了一夜的温蒂只剩嗓子哑，头不疼了。

航行第18天，赤道越来越近，风越来越小。快到赤道无风带了。

一直癫狂无比的赛船如今慢得沉闷。海天如无边巨墙，端坐甲板如面壁冥想。克利伯远航这种闭关，缺点是出关有定日，不论想通想不通，到岸又是花红酒绿一场。优点是想不通还有下一赛段可以继续想。

赤道附近的天蓝得和海一样，船走得不紧不慢。掌舵的人要时不时揉揉脸保持清醒，阳光在云彩里出出进进，白天一个 6 小时的班就在几大罐凉水和魔术一样不停出现的各种软糖里度过去了。

夕阳从右舷缓缓降下海面，该换班了。爱丽丝站起身来一回头，发现身后的左舷刚升起一轮银亮的圆月。大西洋正中，一目苍穹，日月同空，如此美景让一天的疲劳瞬间化成了自豪，睡意暂去，抓一把软糖坐下继续看天。

海上看明月有完全不同于陆上的体验，特别是无风带云淡风轻，一切尽收眼底。月亮越升越大，似月兔似桂树的月影好像活了一般，倒在海面上化成一条长长的光带，波浪一漾一漾把光带荡长，从月下直伸到船底，铺成一条通向海尽头的路。没有任何人造的光，月亮变成路灯，引诱远航的人放弃航线，改向月的方向。

看着看着人就睡着了，这一觉没有梦，只有无尽的放松。好像一睡下去就醒了，眼睛像在盐水里洗过般清爽，夜风吹净了一天的汗馊。月亮已经到了桅杆后面，热闹的星星占据了刚才月亮形单影只的夜空。人们看着北斗星，向天比比画画：

那是大熊座，big bear！

航行第 20 天，导航电脑上，纬度从“北”变成“0”再变成“南”，经过这一刻的水手们就成为“跨赤道水手”。传说中每个越过赤道的人都必须向海王承认三个自己的罪行，然后接受海王的惩罚。最后用带有魔力的大西洋赤道水洗净被惩罚过的自己，得享跨赤道水手的荣耀，被封做 Shellback，意思是“靠得住”。

通常会由一名经历过赤道的老水手扮演海王，起劲儿折腾新水手。起航前温蒂船长特地买了道具，准备亲自扮演海神。

结果过赤道后的十多天里，天天新状况新花样，忙得天旋地转，

球帆

完全没时间庆祝。

先说个重要知识点，trade wind，信风，季风，贸易风，叫法略不同，字面意思大概是，有助商贸，有季节性，可预测度高。《韦式大学词典》解释，信风的原文来自古英语，原词是“track wind”，指的是一条“风的走廊”，翻译成中文应该是一条“顺风之路”。

像加勒比海盗船那样的多桅杆帆船基本靠顺风航行，迎风时最大航行角度不过60度，就像如果风从北来，从三亚出发去北京，得先瞄准西藏，再转向浙江。发现信风规律后，才有了改变世界格局的大航海时代，从欧洲向世界送去了麦哲伦、哥伦布、库克等界定过大洲的名字。

最著名的信风之一就是北大西洋向南大西洋的信风。三亚号借助这股风，用球帆平稳高速地从欧洲冲向南美。

第二个知识点就是球帆，这是帆中的异端。用得好船跑得比风快，用不好桅倒船翻。比赛结束后回看所有的赛队，大麻烦基本上都发生在使用球帆时。

温蒂絮絮叨叨说起球帆，像在说一个逃不开的梦魇。“如果舵手跑错了方向，任何人都有责任提醒他，你觉得我错了也要告诉我！我不想听到任何人事后说：如果我当时提醒了就好了！不明白就问。没有丢脸的问题，只有丢脸的事故。

“飞球帆的时候必须全神贯注，舵手要两只手掌舵，这是一艘 33 吨的船，没人一只手能控制得了！任何人都不准跟舵手聊天。缭手要一直看着帆，摇把手要时刻准备摇……有任何疑问，不论什么疑问，问！”

恐吓式的指导让大家不分昼夜，觑着眼，点着灯，手搭凉棚，千姿百态地盯着绳结帆索。正在飞舞的是二号球帆，它和一号球帆面积一样大，但形状更适合顺风行驶，材质也更结实可靠。

麻烦总是在天擦黑的时候到来，闲不住的迪马突然发现桅杆顶有线头在飞舞：“……不正常！我看还是叫温蒂起来看看吧！”

组长麦克•风说：“10 分钟前刚叫她一回。让她歇会儿吧。”

迪马说：“那万一呢？……我拿手机拍一张给她看看。”

躺在床上看海图的温蒂只看了一眼照片，就喊叫着跑了出去：

“绳圈磨损！准备降帆！”

降下来一看，球帆升帆绳上的绳圈已经磨穿了一半。所有人一阵后怕，要是晚一步，球帆落水，把几百平方米兜着水的帆布往甲板上拽……想都不敢想！

二号球帆迅速降下来，暂时塞进水手卧舱里，三号球帆紧接着挂好，船长一声令下：“升！”

升到一半，所有人傻了眼，球帆上半段顺时针拧了一圈，下半段逆时针拧了一圈，中间绞了个结！

船长在舵位，视线被主帆挡了个严实，“又怎么啦？”

俄罗斯战斗民族水手迪马，司职前甲板手，坐在甲板上看着天摊着手。

“该怎么办？该怎么办？”这小子从起航就絮叨不够难，到海王真发威他就傻了！

水手们不知道怎么回答船长的问题，迪马心里想着：“总不能把三号球帆也降了吧，没得用了啊。”

水手们胡乱扯扯拉拉一通，球帆被风吹成了一个大兜，像风车般咕噜噜转起来，越转越小，彻底变成一根长麻花。

没辙了，降帆吧！上次从水里捞，这次从空中捞，又是一番连扑带拽，总算有惊无险把帆收回了甲板。此刻，整个三亚号舱里花花白，甲板白花花，全是帆。

“二号球帆修好没有，拿上来升！”温蒂的声音像是用牙撕开了一块棉布，又像两个泡沫盒在摩擦。

球帆急降的时候，缭绳像鞭子一样抽着甲板，舱下响得像过年放鞭炮，刚躺下的上一班水手被吵得不得安宁。听见船长发话不由抬起迷茫的眼：刚降下来怎么又要升?!

“把睡觉的都叫起来叠帆！”舱里乱成一团，怀里是帆，脚下是帆，头上又送下来一张帆。白花花水淋淋噗噗啪啪热闹壮观！湿热的舱内各种颜色云蒸霞蔚，人和帆卷成一团。

赤道果然不简单，海王啊！我们服了！

航行第22天，三亚号凌晨6点摸黑换了大球帆，顺风而下，写着“Sanya”的球帆鼓囊囊地飞在船头！

“看来是个不错的祭海王的日子。”温蒂想。她实在不舍得不用特地准备的扮海王行头，但也不想自己好不容易建立的唬人女霸王人设因为贪玩功亏一篑。

上午的时候，趁着值班的在忙，换班的在睡，温蒂在舱下面偷偷装扮起来。水手的罪过已经誊清，惩罚用的一锅黏糊糊的东西也已经煮好放凉，温蒂暗自准备着台词。

“一定要严肃、恶心地惩罚你们！大西洋要清算你们的罪过！迪马你第一个，你的罪过是吃太多，话太多……”

大航海的时代，赤道附近的多变气候是远航者的梦魇，只有跟着有经验的水手过赤道才能全身而回。老水手哪肯轻易把活计分给年轻人，设计了过赤道祭祀海王这样的仪式，以海王的名义对新人进行嘲弄和戏耍，新水手要向海王承认自己三个罪过。直到今天，不论是军舰还是渔船，海王庆典仍是大西洋两岸水手最重要的事之一，军队里格外重视这项仪式，新水手经常有人被剃了眉毛，有人被按住在屁股上文了潦草的乌龟。不论怎样折腾，都没有人会真的生气，因为这些折腾着你的人承认了你腰杆子够硬，扛得起大西洋的风浪。

温蒂藏不住的一脸坏笑已经昭然若揭，舱里的人们偷偷地换上脏衣服，准备着即将到来的“恶心”惩罚。

“乓”一声大响，船抖了一下。

甲板一静，人们竖耳听了一阵，舱内一片平静。顺风行驶，风向每一摆，球帆缭绳就会抽在横杆上发出一声大响。但紧接着听到甲板上一通乱跑，隐约夹着值班班长一句大喊。

“升帆索掉了！”

船长大喊：“全员上甲板！”

人们套上救生衣就往外冲，刚出舱门就看见船长已和几个人坐在右舷护栏前，从水里往上拽着白花花的球帆，几百平方米的帆大部分拖在水里，坠在船后，随着波浪把船带得左摇右摆。捞上来的帆不足十分之一，新上来的水手在舷边排开，手探出护栏，试图在半空中抓住随海浪高高低低的帆边。船长大喊：“一、二、三，拉啊!！”一排人咬牙往怀里拽着湿滑的帆。

有了上次前帆落水的经验，人们从下帆沿拉起，借着人多，不到十分钟，球帆已经全部被拖回了甲板。船长喊一声“仔细检查一下，拿三号球帆”，便自己爬到船头去绑新球帆。

桅杆顶能隐约看到球帆上角链接的金属扣崩开了，升帆索好像还连着。如果是升帆索断了，就要从上到下重新穿一根。

手忙脚乱祸不单行，球帆升到一半，左右舷球缭又绞在了一起。温蒂下令：“继续升！”

航行了二十多天的船员对船长的风格已经很熟悉，对她的经验也很信任，船长说升就升吧！球帆顺利升到位，船速提了起来，目测球缭只是一根绕住了另一根，不算麻烦。

“大家做得好，拯救得很快。”温蒂居然少见地露出笑容。温蒂属于那种越大的麻烦越扛得住，反而那些无心之失的小事能让她跳个半天。

身后“哎呀”一声，回头一看，老周仗着胳膊长，试图用船钩解开缠绕的球缭。塑料的杆子经不起他三拉两拉，断了。

船长笑还在脸上，撇了撇嘴，这都不算事，“前甲板手迪马准备爬缭绳吧！”

“啊呀！”身后有人一声大吼，“通通通”冲下了甲板。

“又怎么啦！”

“面包在烤箱里烤过头了！”厨师在舱里大喊。

“看来海王的考验还没完！”温蒂船长想起来海王的事了，笑容僵在了脸上。

等到理顺了缭绳，修好了升帆索，已经下午 2 点了。累得头昏脑涨饿得饥肠辘辘的人们你看我我看你，这是计划好的惩罚吗？要不那一锅准备抹在人身上的、黏糊糊臭烘烘的东西拿来吃了吧……

三亚号的过赤道大典，看来还得往后拖了。

航行了5200海里后，三亚号和终点线之间只剩下了西雅图号。没想到一上来就能冲击领奖台，温蒂的怒吼听起来不那么刺耳了。但是温蒂真心不喜欢西雅图号挡在身前啊，她坐在甲板上盯着帆，不停地摘下墨镜戴上墨镜，不时问自己："怎么会比她慢呢？"

突然西雅图号慢了下来，而且又改航线，开始绕远，三亚号和她的距离迅速缩小。船长日记里妮妮写道："我们竟然把第三面球帆也搞坏了，坏得太严重，船上没有办法修理。这全是我的责任……"

三角形的球帆材质轻薄，面积巨大，过载或者碰到船上凸起的零件，很容易撕出大口子或者整个撕烂。风况正好，所有的船都借助球帆直冲终点时，西雅图号只能使用大前帆折线航行，不但速度变慢，而且也要多走很多距离。

想取得远洋比赛胜利，不能一味追求速度，只有对人和设备合理使用才能保证完成比赛。这点，已经环球一次的温蒂再清楚不过。

当地时间9月21日13时46分，没有任何损伤的三亚号领先第二名9个小时第一个冲过乌拉圭埃斯特角城的终点线。这是克利伯环球帆船赛本赛季第一个停靠站，乌拉圭的海上门户埃斯特角城，直译为"东方之角"，因为第一次抵达这里的西班牙人以为这里就是传说中的东方海角。这也是大赛第一次来到乌拉圭，三亚号抵港的时候正好是下班时间，一千米长的海堤上站满了人。中国船队、女船长、第一名，整个城市的目光被吸引了。马尔多纳多省省长恩里克亲自迎接到码头，和身边的人一遍遍高喊着"Sanya"的名字。

Sanya对于外国人来说还真是没有发音上的障碍啊。

en.sanyatour.com
CLIPPER
ROUND THE WORLD
17-18

三亚号赛船和队旗吸引了络绎不绝的游客争相驻足拍照

乌拉圭马尔多纳多省省长恩里克在市政厅办公室亲切接见三亚代表，共话城市发展与合作

第一名抵达的三亚号成了乌拉圭的明星，埃斯特角城的主人们拿出了拉美人的热情，为远道而来的客人安排了丰富的活动，烤肉大餐，红酒庄品酒，拜访当地名胜……

但三亚号水手们的心还悬着，因为更换了船长，接受了52小时补时的绿色国际号还没有抵达，只要他们总用时少于三亚，冠军旗就会被他们夺去。

抵达码头的第二天，三亚号全体回到船上进行大扫除，每一块地板都被拆下来清洗，船上每一个角落都被清洁。未来几天里，每一个绞盘、每一根支索都要做保养，因为三亚号下一程起，就要直面咆哮西风带。温蒂曾经这么介绍第二程和第三程："40节的风，四五米的浪，比起来第一程就像度假。"

大扫除结束后，天色也暗了下来，撕裂了三面球帆的西雅图号终于抵港了。妮妮和水手们的脸色很暗，头发乱糟糟的，看起来无比疲惫。他们把船停好，办完登岸手续，穿着航海服走进了游艇会旁边的白鲸酒吧。酒吧外微醺的水手们兴奋地拍起手来，妮妮他们微微点头，脚步没停，航海靴带起一阵冷风。妮妮赛后回忆："第一程结束后，我陷入深深的自责和自我怀疑中，我是否合适做环球船长呢？"

妮妮从确定成为船长的第一天起就是赛会的明星，她是英国本土女水手，赛史上最年轻的船长，如果她获胜，将是最年轻的带队环球冠军船长，也是第一个带队获得环球冠军的女性。

在乌拉圭和妮妮同住一间房的温蒂同样有可能获得首位环球冠军女船长的称号。她和妮妮分享了自己当年第一次环球航行的故事：第六赛段跨太平洋时，船被海浪击中，整个舵盘和防浪架都被击毁，温蒂受伤，头部缝了十几针，不得已放弃了那一站比赛。"环球比赛刚刚开始，后面一切都还有可能。”温蒂安慰她说。

在朋友的鼓励和队员的支持下，妮妮脸上又有了笑容。这时绿色国际号也冲线了，他们只比三亚号多用了42个小时，减去52个小时补时，以10个小时的优势从三亚号手中夺走了冠军。

被夺走冠军的水手们抱怨着判罚的诸多不合理：绿色国际号航行时的风力条件要远好于其他赛队，尤其是无风带的范围很小，补时是否给得太长了？但补时是在三个星期前就已经决定了的，当时没有人有异议，此刻水手们只能选择尊重裁判。

人永远无法预测大西洋要刮什么风，水手能做的，只是把所有细节做到最好。而更加重要的是，绿色国际号的业余水手们成功地保住了船长的手指，他们的勇敢配得上这样的荣誉。

尘埃落定后，三亚号开始了下一赛段的准备。每一个经停站最重要的任务之一就是补给，爱丽丝参与了补给，她日记里写道：

我志愿帮助采购食物，20人18天的食物，要照顾到特殊的个人饮食偏好，比如其中有素食主义者、不食猪肉的人、对花生过敏的人。

食谱都写好了，每顿饭的食材及用量都一清二楚。除去上一站剩下的食材，我们把各种需要的总量罗列在纸上，在当地志愿者的帮助下直奔超市。面包粉、芝士、意大利面、水果、蔬菜、牛奶、谷物、浓缩果汁、巧克力、饼干、薯片、香肠、肉丸子、大米、鸡肉、培根及各种酱料，考虑荤素搭配，能量热量营养供给，方方面面都要想到。克利伯预算有限，每人每天3英镑，在乌拉圭这种物价高昂的地方真是捉襟见肘。我们购买的东西都是大批量价格实惠，林林总总，装了满满三推车，列清单，采购食物，一共1000多英镑的食物，第一次在超市买这么多东西，惊讶兴奋又过瘾。采购是三亚号之旅教会我的新技能！

采购完食物，我们把食物分类放置在船上各个小柜子里，并做了个表格，一目了然，方便值班做饭时找食材。第一程要准备24个人36天的食物，食材多到超出想象，三亚号的收纳能力真是不得了。

采购食物这件事，让我对明年的环澳之旅充满期待。今年3月份我申请了澳大利亚打工度假签证，准备给自己一年时间，体验下国外生活。男朋友受我影响，也申请了。于是我们做了个小计划，去了之后买辆camping van（小型房车），环澳打工旅行，吃住都可以在车上，不仅节省生活开支，也获得了行动自由。钱不够用了，就去农场或其他地方工作一两个月，然后继续。环澳完成，把车卖了，再去新西兰看一看。

你问我人生的计划，我没有。我烤着生命之火，只想它能火光纯粹，远离功利。

10天休整一晃即过。12支船队再次按照计划启程，挑战南纬40度，咆哮西风带。

第二赛段　埃斯特角城—开普敦

第二赛段从南美洲乌拉圭埃斯特角城出发，横穿南大西洋，抵达南非开普敦。历时15天，三亚号实际航行3994海里。

从这一站开始，赛队将有连续三站处于咆哮西风带的40节狂风区笼罩下。

新大使船员郝东敏和张新民来到乌拉圭，他们和几名只跑第二赛段的水手们做了一天的复习航行后，换下了完成比赛的大使船员们。

第二赛段媒体船员王波也赶到了乌拉圭，他是中国领先的帆船社交媒体——《赛领》的主编，中国最活跃的帆船摄影师。国内大部分玩帆船的人都认识他。刚到乌拉圭，他就撞见了一个熟悉的面孔，中国著名帆船旅行家——林静。

王波在起航日记里记录下了这一场在世界另一端偶遇帆友的故事。

中午12点，终于等到开赛的信号，震耳欲聋的音乐和南美人民热情的呼喊交混在一起，让这短暂的别离掺杂了一丝奇妙的感觉。

我正和明浩在码头整理东西，忽然听到看台有人喊我名字，一抬头看到林静。她和丈夫一同驾船环球，刚好路过乌拉圭。听到船队起航的消息便开车来看热闹，没想到遇到了我们。

静姐说这里很少看到中国人，一眼就认出我了。静姐问我准备好了么，我笑笑：3600海里还好，十几天转眼就到。静姐马上严肃道：不可掉以轻心，千万记住，无论多难一定要咬牙挺过去。

没想到出发还不到一天，静姐这句话就应验了。南大西洋可不分你是职业还是业余，大浪一样劈头盖过来，大风一样呼啸而过。起航的时候平均风力达到19节，阵风更是到了30节，所有船队缩二级主帆起航，依然抵挡不住阵风将船打到几乎90度侧倾。

突然吹来一股强大阵风，横杆被打到几乎插进水面，海水将下风舵上的温蒂淹没，只剩下头部露在外面咆哮着。跟随我们拍摄的小艇几乎脱离海面，被大风一吹，似在进行空中悬停表演。不知在上面的明浩做何感想。

绕过第三个标点，我们驶向大洋，落后的Unicef号趁着转向第一个升起全主帆。在20多节的风力下，这一举动近乎疯狂，但效果显著，转入顺风后即刻迎头赶上，追至第二。温蒂不甘示弱，马上命令再升一级主帆，由顺风转入横风，两个摇把联动，三亚号主帆上的鲜红大国旗完全伸展开。带着多一级主帆的优势，三亚号与西雅图号、Unicef号领先驶出埃斯特角近海，向开普敦奔去。

起航两小时后转入正式值班模式，右舷组先行休息，晚上6点再接班。顺风滑浪下，三亚号一度跑出了20节的对地速度，温蒂跟着不断飙升的船速兴奋地喊起来。但摇晃的船身已经开始把人摇晕。

晃晃悠悠，在船上连站稳都是问题，爬上床铺睡觉都是考验。思维全是碎片，航海奥义正如静姐所说：只在咬牙坚持。

兴风作浪，大西洋，你这见面礼有点大。

重新出发那天，全程水手们刚看到船，第一赛段那些吃不饱睡不好，湿热、阴冷、头晕眼花，所有难受的记忆，同时回到了身上。繁星、夕阳、层云、大浪，美景虽然也记得起来，却和电影、明信片上的记忆混在一起。

美景是相似的，有无数高手描写过了，浪涌却如此不同，经历的时候咬牙切齿，回忆起来张口结舌。在乌拉圭，人们问起远航的感受，也总是最先好奇那些船上的日常，可有空调、冰箱、抽水马桶？每日饮食如何？

而真正热爱大海的人心存风浪，陆地上的人好奇的那些吃喝拉撒生活“小事”，并不是他们心中海的魅力和真相所在。

水手日记里写道：等到起锚解缆，和陆地断了联系，慌张的心慢慢镇定下来，身体和思绪都进入航行模式，脚下的船像远方的家一样熟悉，出海像在草地上打个滚一样随意，原来大西洋已经把我变成了一个水手。

不过“环球风浪”这出大戏才刚刚拉开大幕一角。

南大洋，南极的冷空气一路北上，在南纬 40 度附近撞上南下的热空气，形成强风，被地球自转甩成长年不断的“咆哮西风”，所以又叫“狂暴 40”“咆哮西风带”。风速轻易可达 40 节，浪随随便便就有四五米，咆哮着撞击船舷，发出要毁灭一切的吼声，震撼着水手的心。

咆哮西风是寻路向东远航最好的助力。风把三十几吨重的大船从几米高的浪上吹得一跃而下，滑出几百米，浪撵上来再助推几百米，速度一快再快，水花不停从船头飞起来，一次次把人打湿。真正的水

咆哮西风带

手会和船一起嘶吼："冲浪咯！"

值班组长James Wrightson很喜欢三亚大使给他取的中文名字"金柏森"。他家就在克利伯总部英国戈港附近，从小听着罗宾的故事长大。

"从懂事起我就知道，有一天我也会完成环球航行。只是没想到花了这么长时间才下定决心。"

金柏森在小儿子上大学的那一年和妻子离了婚。

"不知道离婚和环球哪个决定更难下。"

金柏森不算强壮，细长的小臂和手指更适合拿画笔。他的床在绞盘正下方，是全船最吵的铺位，这让他睡得很不好，胃口也很差，航行下来瘦了不少。但他精神始终不错，船上生活比在岸上舒心得多，他的本职工作是广告美术指导，这几年客户越来越年轻，只想听宏大刺激的广告词儿，而他的巧思和想要追求的微妙之美越来越没有市场。和结婚多年的妻子也好像激情不再，他常常一个人在英吉利海峡

海上夕阳

航行，觉得同船渡比共枕眠更让他轻松。

金柏森念叨了大半辈子的环球梦想被南大洋拍碎了。

离开乌拉圭的第二天，吹起了三十多节的东北风，海潮却逆向往西，船在两股力量的较量中被甩来甩去，颠簸得非常厉害。金柏森坐在上风压舷，突然一个浪从身后击中了他，水巨大的力量击得他向前猛地趴去，左肩狠狠撞到金属绞盘。然后他被安全绳拉住，摔到地上。肩膀当场肿了起来，到了傍晚疼痛加剧，金柏森吃了止疼药，侧躺在床上，弯着腿，膝盖和脚各抵住一侧的墙，聊以减少船震动带来的疼痛。他的左肩被绷带牢牢绑在身上，让他呼吸不畅，慢慢地他攒了一肚子的气，要把自己气炸了。

暂时终止比赛是很正常的，实际上另一条赛船 PSP 物流号在同一天掉头驶回了乌拉圭。他们撞到了鲸鱼，舵被撞弯 120 度，扎进了船体，鲸鱼带着血逃进深海，下落不明。金柏森受伤时船离乌拉圭还不远，如果终止比赛掉头，只要 24 小时他就能躺在乌拉圭的现代化医院里接受全面检查。

可是金柏森不想回乌拉圭，那样三亚号基本上就放弃总冠军的争夺了。而且如果被送去医院发现只是挫伤，因此葬送了环球梦想，在儿子们面前，他就成了一个照顾不好自己、大惊小怪的父亲。作为代理船长、值班组长，金柏森用荣誉之心战胜了疼痛，他决定忍忍再说。

然而他的情况并没有变好，疼痛没有减轻，整整 12 天，金柏森没有再上过甲板，不过每次换班他都坚持起来，和组里的水手们聊两句。“他们是我的组员，我必须要给他们支持，送他们上甲板的时候就像看着孩子去上学。”他强调着自己的组长身份，想办法证明自己有用，而不仅仅是“躺过”了南大洋。

这一站的三亚大使船员张新民和工程师格林一样，他参加克利伯也是他夫人的主意。张新民 49 岁，爱跑步，喜欢打高尔夫球，这些独自一人琢磨的运动恰好能满足他钻研的乐趣。他的夫人想让他和人多接触，打开更大的世界。克利伯这种十几天和一群陌生人朝夕相处跨大西洋的挑战，刚好满足他夫人的愿望。

新民哥的变化在培训月就很明显了，一开始他安静腼腆，和人说话声音轻得很。四个星期培训结束后，他和小他 20 多岁的满江举杯同歌，海洋当真带给了他不一样的心境。张新民在南大西洋上发回了日记：

时间就在轮班中流逝，不变的是南大洋的水天一色。每天的午餐时间是所有船员难得的相聚，这时候船长就会向大家通报赛况，各个参赛船只的位置和排名，世界主要新闻简报，以及三亚新奇世界半山半岛号的战术安排。当然，有时候会讲些笑话，问几个类似脑筋急转弯的智力问题，活跃下气氛。

每天值班时工作并不多，大多数时间里，大家或坐或躺在甲板上，聊天或者沉思。浪大的时候，身体随着船体的晃动而摆动。一个大浪砸过来，海水从后背压顶而过，大家齐刷刷晃晃脑袋，抖落海水，又低下头继续呆坐。这就是大使船员的工作，单调、辛苦，但奇怪的是，习惯了以后，很享受。

昨天值班时看见了鲸鱼，真是惊奇。当时我正坐在甲板上值班，猛然听到舵手麦克·风大喊："右舷有鲸鱼！"转头看去，一只巨大的鲸鱼的尾部正划入水中，激起白色的浪花，然后就不见了。紧接着，又一头鲸鱼的上半身越出水面，顷刻又激起白色的浪海，也不见了踪影。惊呼声中，在船下休息的船员也急忙上甲板，当然，他们只看到朵朵浪花。这也算是海洋对我们的赏赐吧。

鲸鱼带来的兴奋没持续多久，海浪就大了起来。“没有到不了的世界，没有追不到的姑娘。姑娘心中的远方，是水手背后的故乡。”船舱里有人放着流行歌曲，突然一个大浪打来，蓝牙音箱摔倒在地上，沙沙几声，音箱坏了。

媒体船员王波写下了自己遇到的那夜风浪。

夜里2点，挣扎着爬起来，把能穿的衣服都套在里面，挤出舱口发现下雨了，实在不是一个好天气。所有岗位刚刚就位，一个阵风毫无征兆将船打斜，刚睡醒的众人尚未反应过来，横杆已经拖在水中划行，侧倾近80度。上风舷的人脚失去了支撑，用手紧紧抓住护栏，防止自己坠落。悬空的脚下就是船身划起的白浪，说不紧张就有点装了。

组长麦克·风大喊松斜拉器，松主帆缭绳。但无奈操作主缭的妮可自己都双脚打滑，双手抱着绞盘，哪里能腾出手去工作。

右舷大半淹没在水中，船身依然快速前行，球帆一阵阵拍打，让人担心随时会爆帆。温蒂尖锐的声音从船舱里传来，喊话内容一样是快松斜拉器，快松主帆，转眼间她已经爬上舱口，死死抵住楼梯，勉强稳住自己。滑轨前面的迪马混乱中扑到舵前，伸手拉住掉在半空中的妮可，妮可腾出手，一把将主缭扯下绞盘，船身一抖，奥利弗趁机拉开斜拉器绳索，主帆顺势往外倒去，然而主缭没松多少就卡住了，回正了一点的船身再次没进海水中，球帆拍打得愈加厉害。耳旁狂风呼啸，指挥声此起彼伏。

温蒂已经爬到中舱，三下两下解决了混乱的主缭，船身扶正，进入正常航行状态。接下来大家不敢掉以轻心，每个岗位都有水手把守，我也被安排在前面照亮球帆，几个小时不敢挪窝，一直仰头盯着球帆，任由冷冷的冰雨拍打着脸，几次困到要闭上眼，都被身后的海一浪拍醒。

3点多，天已蒙蒙亮，舵手示意我关灯休息一下，我转身想把灯递给舱口的金兰丽，一伸手才发现手已冻僵，大海航行无夏天，永远没错。

一夜奔袭百余海里，无比想念三亚的温暖，谁能外卖一碗陵水酸粉[①]，我出50美元。

南大洋的疯狂颠碎了水手们的骄傲，也让温蒂有点心慌。没过几天，张新民也被浪打翻，手腕受伤。温蒂决定采取保守航行的策略，缺兵少将的三亚号最终只以第七名抵达了开普敦。

第一站冠军绿色国际号在第二站换上了“大只佬”安迪做船长。安迪一米八五的大个子，长得像微微发福的史泰龙，他不笑不说话，轻言细语，和勇猛的外形反差很大。他是三亚号训练时第二周A队的训练官，记得有一天训练抛锚过夜，上了三个水手也没能把30千克重的铁锚从左摇右晃的舱室里拿出来，安迪船长等得不耐烦，一个人笑眯眯地过去，轻描淡写地把锚拎了出来。第二天他带着刚刚熟悉了赛船的水手们穿过英吉利海峡去法国打了个转，船上的航海新人们吐倒了一大片。而同时训练的B组，教练认为风浪太大，找了个港口避风。足见大块头安迪胆子之大。

敢想敢干的安迪临危受命，带领绿色国际号比试第二赛段，竟然又为船队获得了一个第一名。如果说绿色国际号第一站因为船长受

---

① 陵水酸粉，海南省的一种特色小吃。

开普敦美景

伤，获得补时战胜三亚号有运气成分的话，这一站比赛他们是实打实的获胜。两站全胜让绿色国际号变成了夺冠大热门。

金柏森的伤势比他想象的严重得多，肩膀脱臼，错位时间过长，开普敦的医生建议他马上手术，他的环球旅程肯定要暂时搁置了。儿子们听说他要回家非常高兴，整个社区都在讨论他们的父亲。在开普敦结束比赛的英国水手珍妮花会和他一起回英国，金柏森用意志克服了疼痛，这在珍妮花看来特别有魅力。突然间，金柏森久违的家庭幸福又回来了。

每一个越过大洋的人都明白，谁也没有征服海洋，只是让海洋重塑了一个自己。

撞了鲸鱼的 PSP 物流号在起航前一天早上才抵达开普敦，部分船员质疑船长的进取心，要求组委会安排更强的船长带领船队取得好成绩。船长罗伊决定辞职。

温蒂可能是船长中最积极的了，她带人把所有的帆都拆下来检查了一遍，把起航的计划跟水手们絮絮叨叨布置了两次。第三程是从南非回澳大利亚，温蒂不想任何人在她前面踏上家乡的土地。

三亚号大帆船上七彩的喷绘引人瞩目，设计灵感来自三亚傍晚的彩霞。自诞生之日起，三亚号就是三亚在海上的一张名片，向全世界展示三亚“乘风天涯”的海洋梦。

三亚组委会派出的岸队从利物浦起航开始，一站站追着三亚号安排到达站的宣传活动。经过培训月、英国利物浦、乌拉圭埃斯特角城的磨合，当三亚组委会的代表李蒙、陈星、刘嘉鹏抵达南非开普敦时，平均不到 30 岁的他们已经成为借助克利伯环球帆船赛推广城市形象的行家里手，他们把三亚号的推广活动安排得满满当当。

三亚号在开普敦承接了公共开放日的工作，这是向民众推广三亚旅游的最好机会。新上任的三亚号大使船员辛玥、刘峰放下行李就承担起导游的身份，向来访的客人介绍着三亚的故事。

岸队还带来了三亚号后援团制服，只要 15 英镑就可以买到一件有三亚号和克利伯环球标志的认证航海衫，所有卖得的款项都直接捐给联合国儿童基金会，向世界展现三亚的温暖。

三亚组委会和大使船员在开普敦大学宣讲

刚刚结束比赛的张新民和即将开始比赛的刘峰，在开普敦大学向师生作了三亚号航行宣讲，激起了他们极大的兴趣，有十名师生被选中成为名誉大使船员，登上三亚号体验航行。

开普敦活动里最引人注目的要数著名游泳运动员、伦敦奥运会100米蛙泳金牌选手卡梅隆·万德伯格来访三亚号。卡梅隆是南非乃至整个世界游泳爱好者里家喻户晓的明星，他引来当地媒体的追拍，成了当晚的电视热点。

从开普敦开始，三亚号开启了绝无仅有的“广告球帆”航行。在开普敦、悉尼、三亚、西雅图、纽约这些世界知名的港口，三亚号一次次飞舞起一面特制的硕大球帆，球帆上三亚的标志流光溢彩。每一个在港口流连的人都不会错过这一幕，三亚也将以这种方式永远在这些城市美景里留下自己的身影。

第二章

伤心南大洋

第三赛段　开普敦—弗里曼特尔

第三赛段从南非开普敦出发，绕过好望角，穿过南印度洋，大部分时间处于南纬 40 度咆哮西风带。最终抵达西澳大利亚弗里曼特尔。历时 25 天，三亚号实际航行 4886 海里。

在开普敦替换上场的三亚大使是辛玥和刘峰。媒体船员明浩再次回归赛队，他将与三亚号一起完成剩下赛季的所有航行。32 岁的北京女孩辛玥是儿童产品设计师，从小学习画画。她无比热爱航海，在瑞典上大学的时候就跑到古帆船上做志愿者，回国也一直学习小帆船。她也是晕船最严重的，训练月的第一周，她第一天就被发现抱着马桶蜷缩在厕所里，眼睛半睁半闭，嘴半开半合，不论什么人劝，她都迷糊着回应说自己没问题，但抱着马桶的手就是不松开。

“每次都是这样，风浪一大就晕船，自问这么折腾自己图个什么。但天气一好就觉得，太美好了，人生不就该在这里吗？我最爱的动物是鲸鱼，它们的巨大和优雅让我无比着迷，当我知道我被分到第三赛段过南印度洋时我高兴坏了！这是观鲸最好的地点之一！”

刘峰是香港人，美国大学毕业后在深圳做投资。他有个小秘密，他的 50 岁生日要在船上度过。

“人到中年，50 岁真的能知天命吗？”这是峰哥航行中要解决的问题。

起航那天，送行船上的人们使劲喊着，冲水手们指指点点。穿着蓝短袖的三亚后援团挥舞着队旗，在风浪里兴奋地举着手机拍着。后援团是水手们的家人、朋友，大部分从没上过帆船，他们中有些人不免疑惑，这些靠远航逃离庸常生活的水手们，似乎酝酿着一个很大的计划，关乎终极的自由，关乎自己和天地，他们究竟想要逃离什么？他或者她还会不会回来？回来的还是不是他或者她？

5000 海里宽的南印度洋是人类的荒漠，没有人类居住，没有航船经过，最近的人类活动是太空站的宇航员。传说每一个跨过这片海的男人都不再记得自己的女人，不再爱。送行的女人们焦虑地看向甲板上的水手。

水手们安静地看着照在桌山崖壁上的太阳越升越高，温蒂仍在灵感丰富地大叫，一片云彩缓缓飘向桌山，被山顶挡住，沿着山坡向下卷着急冲，没一百米又被热空气抬起来，上上下下翻卷不休，如同山在挥舞一面起航旗！

温蒂千锤百炼过的港内赛技术，把 33 吨的大船玩出了小帆船的灵活。五、四、三、二，“嘟！”哨声响起，三亚号从最上风贴着裁判船钻出起航线，总竞赛官举起大拇指！漂亮的起航。

风首先把三亚号的帆吹满，船迎着浪拍着水冲了出去，其他船被彼此的帆挡了风，慢下来互相挤着，互不相让，三亚趁机越跑越远。港内航段结束时，竟甩开后面的队伍接近一海里！

竞赛官用对讲向所有的送行船报告：“三亚号第一个冲出好望角！今天温蒂状态太棒了。”

好望角，原名是风暴角，无数的船只和水手葬身于此，后来人们欲盖

温蒂掌舵港内赛

弥彰地将它改名成“美好希望”，试图把恐怖故事改写为英雄喜剧。好望角并不是非洲大陆的最南端，转过滩浅风狠的厄加勒斯角后，才算正式进入印度洋。

傍晚太阳落山前，身后的11条船整齐排在天际线上，与三亚号之间的距离在加大。温蒂说：“比其他人都快说明我们做对了，什么都不要改，按照现在状态继续航行！”

著名的“咆哮西风带”名不虚传，整个11天的航行中它从未停止咆哮，只不过三亚号遇到的是“咆哮东风”！船迎风顶浪，梆梆地砸着海面。水雾漫天，甲板所有的缝隙都在渗水，舱内潮湿得滴水，土豆和萝卜都像刚从水里捞出来一样。船斜成45度，人走在舱里像笼中的长臂猿，从一个把手悠去另一个把手。

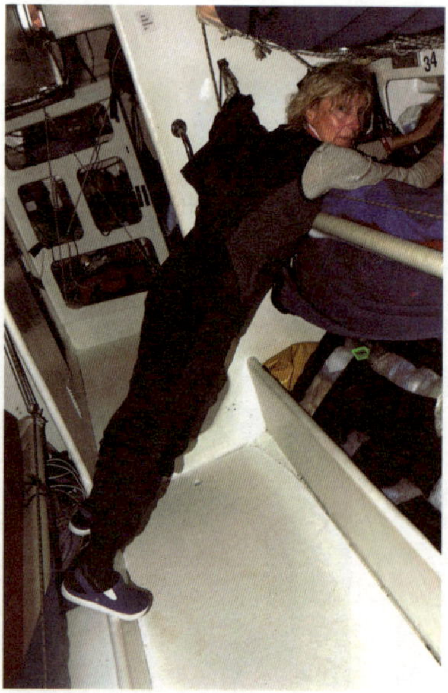

在倾斜45度的船舱内保持平衡

迎风天里船上的生活比顺风艰苦得多，从吃喝拉撒到驾船调帆，任何动作都要多消耗不止一倍的体能。温蒂船长每天都鼓励筋疲力尽的水手说：“我这辈子都没遇到过这么久的迎风！气象显示还有24小时就要转顺风了。”

“Another 24 hours（还有24小时）”这句话温蒂一直重复了11天。顺风还是没来。

自诩从不吃晕船药的媒体水手明浩，记录下了他在这场创纪录迎风里的一刻。

11月3日我把第一片晕船药献给了印度洋。

昨天船长午餐时通知：未来24小时都是三四十节大迎风，有晕船的现在就吃晕船药。

我时不时会晕下船，冷了，热了，舱里剪片子待太久了，都会晕一会儿。但每次最多吐一下就没事了，抬头看看远天，大不了找个旮旯儿小睡一下就能熬过去。所以我自以为永远用不到晕船药。靠“嗑药”算什么跨洋挑战，何况船上好几个六七十岁的水手都没见吃药呢。

昨天遇上迎头的大浪，我兴奋地爬上爬下拍照，兜头灌了一脖子海水。当时没当回事下了船舱修图，结果没十分钟恶心劲儿上来了，眼前的电脑屏幕一阵阵发红，胃里往上涌的也不只是气体，像有液体夹在里面。四周一看，有个塑料袋可以救急，于是继续眼前一红一红地趴着改稿。趴着挤到胃，船猛的一颠，这下可不得了，嗓子眼一阵发甜，真像武打小说描写受了内伤一样，我心里一慌，赶紧抓起塑料袋“怼”在嘴边，刚对好，胃就发出了马桶抽水的声音，“哗哗噗噗”吐了小半袋。

故作镇定抬头一看，四周没人。没有毁了不嗑药的威名……思绪未落，嗓子又一酸，“乌啦啦夸喳喳”又半袋子。

这下长见识了，苦胆汁原来是这样的啊。

躺了几个小时，甲板上风声越来越大，船长大吼：“40节风！换帆！”降帆收帆忙个不亦乐乎。

我抓起相机爬起来。灌过海水的航海服，潮潮的咸臭味像是某种远古的召唤，让我胃潮澎湃。打开药箱，发现晕船药盒空了一大半，看来大家都没我这么死要面子活受罪。圆圆的晕船药苦苦的，提神醒脑。

风把船吹得斜成45度，5米高的大浪里，船像野马。麦克·风使劲抓着舵问：“要不咱们卸卸力跑慢点？”

船长的声音冷酷极了：“我们是在比赛！你们可以商量一下咱们是要赢，还是被后面的船超过去？”

麦克·风咽了口口水，眼神闪过片刻无奈，马上恢复了杀气。我从舱门后小心站起身，回头看向前方。一幅活的油画，四面八方乌云密布，浪起云落，海平线影影绰绰。乌云柔和的边缘不断被浪花的尖细抛物线挑破。海天间只有脚下的船有型有际，其他皆无情无义无形。

不论你航行了多久，你都不会爱上海，你会爱上的是船。

我泛着胃酸感天动地胡思乱想，眼前一红一红。船滑过了第一个浪，在谷底正撞上第二个。整个船头扎在了浪里，一瞬间整个甲板漫上了水，我脖子一缩，还是晚了半拍，又是一头一脸的水。一回头趴在船舷呕了几下，黏绿的胆汁里，一片白白的药。一个浪把甲板冲刷得干干净净。

所以说，我把人生第一片晕船药献给了印度洋。

大自然真是位难以捉摸的朋友，三亚号仅仅因为起航的几海里优势，追上了一个气流的末尾。这个气象预报上始终不存在的气旋让三亚号速度远超后面小风区里挣扎的友船，领先第二名最多时达到190海里，相当于领先了一天！20天的比赛刚过半，弗里曼特尔游艇会发来邮件，希望温蒂作为本土航海偶像给家乡的少年水手们讲几句话。似乎三亚号可以提前开始庆祝胜利了。

“绿色国际号被水洗了。”温蒂收到岸队的邮件。温蒂也解释不清究竟什么是“水洗”，邮件里不得不说却又不知该如何说的口气告诉她，问题小不了。

24 小时后又收到邮件，“和 CV24（绿色国际号的船号）永别。她搁浅了。”

前三赛段，绿色国际号是不折不扣的话题大王。第一任船长戴夫开赛不久就受伤，差点丢了右手大拇指，紧急代班的副竞赛官丹尼尔，带领绿色国际号后来居上，跑出了第一赛段最短用时。第二程安迪船长接任，跑了赛段第一名，船队总积分遥遥领先。此时副竞赛官丹尼尔却突然辞职离开克利伯搬回老家苏格兰……

绿色国际号是一艘很漂亮的帆船，象牙白的船身配上醒目的银色十字星贴纸，现代感十足。不过因为跑得太快，华丽的银色贴纸被水冲得破破烂烂。每次到站他们都要半炫耀半抱怨地说，这样下去每站都要重新贴了。

还没出好望角，绿色国际号就遭遇了劫难。好望角国家公园的浅滩直探到大海深处，连着著名的“信天翁礁”，美丽的海岸线见证着这个区域历史上曾发生过的六次著名沉船事故，全部是触礁搁浅。

出事时有七艘船追着绿色国际号近岸航行，风力 10 节以上，角度东北，正好顺风用中号球帆一路驶进印度洋。入夜后海面上起了雾，能见度开始变差，风随即慢慢加强，东北风转成了北风，绿色国际号决定换舷，但球帆出现状况，换舷失败。风继续变幻莫测，把绿色国际号推向东边的大陆。包括船长安迪在内的所有人都在忙着球帆换舷，没有人注意到海图上，海底的高度在慢慢上升。突然一声闷响，先是龙骨挂到了海床，船似乎不敢相信地晃了一晃，然后左后舷撞到了礁石。

降帆，开马达，却已经来不及了，沙子的摩擦力把龙骨牢牢抓住，风和浪一点点把船往岸边推，船被彻底卡死。

起航前的安全培训强调最多的一个原则就是，永远不要擅自离开还在漂浮的船。绿色国际号上救生筏已经充气，漂在船尾，但所有水手按照规定留在船上。

南非海岸警卫队用最快的速度赶来，用橡皮艇救走了所有水手和船长，无人受伤。第二天清早回来，潮水退得更低，船整个倒在了海床上，船尾的裂缝变成一个大洞，海水进进出出，衣服鞋子四散漂着。

到了这一步，绿色国际号已经无从挽救。为了不对国家公园的环境造成更大的损害，船被锯成了几段，用直升机运走。

而痛失赛船的水手像是无家可归的孤儿，如果不想下届比赛重新再来，只能被分别安排到别的船上继续比赛。

领先的三亚号这边，东风终于停了，咆哮西风粉墨登场。方向正西，风速 30 节，用小球帆瞬时速度 24 节。

放眼望去，四周全是白花花的浪头，身后竖起的高高浪墙眨眼间追上我们，船尾被浪稍抬了起来，饱满的球帆松了一松。掌舵的船长早感觉到这个浪的威力，像个摩托骑手一样双手发力，身体缩紧，把身体的重量都压在舵盘上，大喊：

“收紧球帆！”

两个待命的绞盘手应声绞动，缭绳被迅速收紧，球帆重新鼓成完美弧线。风和

风浪中的水手

浪一起给船加速，船像离弦的箭一样向前冲。划过船侧的风浪声一瞬间由“呼”变为“啸”，海浪被船身撞碎，散成漫天水雾，发出“乒乒”的声音。水雾中苏格兰环球水手金兰丽睁圆了眼睛，略有些颤抖地说：“像飞起来一样！”

遭遇“咆哮西风带”

“松球帆！”船长大喊，船身一稳，又一个大浪威风凛凛地从后面赶上来。“收紧！”三亚号再接再厉，又“飞”一回。“25 节！”船长通报了速度。“吼吼！”全甲板欢叫。

南印度洋成了我们的冲浪场。

南纬 45 度是止航线，继续向南就可能会遇到冰山。

船舱突然变得四处透风。湿冷的空气想尽了办法钻进舱来，钻进睡袋里，钻进握紧的拳头里。

半夜被冻醒，身旁就是舱壁，再外面就是南纬 45 度的印度洋。在齐肩宽的床垫上使劲把肩头窝向胸口，把睡袋裹了又裹，直到身子被最大程度裹紧。还是冷。

舱外飘起雨，值班水手把雨帽拉下来护住整个头。但冷雨还是顺着脸流到领口，淌了几滴进脖颈，激得全身一哆嗦。

“可能是风暴！叫船长起来看！”值班组长麦克·风冲舱里喊。

“降球帆换大前帆！”绿色国际号出了那么大的事故，每个船长都倍感压力。温蒂的脾气比以前更难捉摸，和人说话越来越不耐烦。

收球帆的指令一下，前支点解开，球帆失去了牵制，被桅杆拉成一个大风筝！“Sanya（三亚号）”和“The Race Of Your Life（改变人生的竞赛）”两个大标志在夜空中飞舞。

收球帆全靠人手往下拽，然后马上抱紧，以防再次被吹开。水手们有个口诀：“熊抱、香肠”。像熊一样把球帆抱成一根香肠。寒冷让水手们动作缓慢，一阵风袭来，已经变成了香肠的球帆，被吹回了夜空，掉进了海里。球缭也拖到水里，万一缠住舵后就麻烦了，没人想下到刺骨的海水里割绳子。“用手拉帆！快！从水里拉！”船长的喊声传了过来。

明浩在那天的水手日记里写道：

300 平方米的球帆，兜着水，根本拉不动，单单想抓住不脱手都很难。几分钟的时间好像一万年，感觉手指快要抽筋了，我不自觉地闭上了眼睛，对自己失望至极。突然球帆向我怀里移动了一点，回头一看，另一班的水手已经赶上来帮忙了。他们有人只穿了一件保暖衣，显然刚从床上爬起来。凄风苦雨，大家排成一队，一起咬牙切齿地使着劲。熊抱干香肠变成猴子捞湿香肠。晚上 10 点南纬 45 度的冰冷海水和球帆一同被拖回甲板上，拖到了船舱里。

那是令人终生难忘的冷水。冷得一点咸腥味都没有，像是世上最干净的液体。沾过它的人都变成了兄弟。

南大洋真是一片伤心的大洋。5 点半早餐时间，船长又向大家通报了一个令人悲伤的消息：大不列颠号水手西蒙昨夜不幸离世。

61 岁的西蒙是大不列颠号上的值班组长，代理船长。金柏森和汤姆·猫猫在开赛前曾和他一起接受特别训练，学习如何在船长失去工作能力的时候代替领导航行。他们回忆起西蒙，说他是非常值得信任的水手，热爱航海，有 40 年小帆船航行经验，环球是他一生的梦想。在乌拉圭停靠期间，他指挥大不列颠号在码头维修受损的球帆，球帆铺开，横过几艘船头，很多人记得他高高瘦瘦、顶着满头帅气的灰发站在球帆上指挥若定的样子。

事发时正刮着 8 级大风，西蒙坐在船头护栏上指挥换前帆。他穿着救生衣，安全绳扣在安全带上，一切都符合规定。一个大浪把他甩出了甲板，吊在船外，安全绳拽紧，金属安全扣抵在了绑安全绳的羊角桩上。海浪的力量重重推着他，西蒙自己的重量也向外拉扯着安全绳，最终安全扣架不住猛烈的拉力，被硬生生地掰开，西蒙掉进了漆黑的海里。

西蒙的救生衣遇水充气，示位灯在海浪里忽隐忽现。大不列颠号紧急过帆停船，降帆，开马达，但海浪太大了，眨眼之间西蒙已经被推出了几百米远。示位灯看不到了，救生衣上的 AIS 电子报警装置发出求救信号，靠着电子海图指引，船上的水手们找到了西蒙。他在水中沉浮着，对大家的呼唤毫无反应。等到救援水手穿着干衣，用绞盘把他从水中吊回甲板时，已经过去了半个小时。大不列颠号水手中的一名全科医生和两名受训急救员一起百般努力，也没能帮助他恢复心跳。

跨越五大洋是如此迷人，让无数人不顾一切地去想象，去尝试。这是真正拓展生命的旅程，让那些焦虑于安逸、自在于挑战的人接踵而至。但离岸远航也是最危险的项目，和攀登雪山一样，即便做好万全的准备，能否获得“征服者”的荣誉全身而退，还要看大自然的心情。回望历史上那些伟大航海家，很多最终归于海洋，麦哲伦、库克、塔巴雷、郭川，他们忠于了对自己的承诺。

郭川曾说：越洋是如此难，是如此折磨，又冷又湿，吃不饱睡不好，不知道下一刻风会向哪儿刮，不知道等在航线上的是顺浪还是逆涌。孤独，疑惑，疲劳，伤病，人生的每一种煎熬都会被海放大，成为永不忘记的记忆。重重的困境当然会导致失败，成功因此更值得传颂。

大不列颠号的船员们为没能完成梦想的西蒙举行了海葬仪式，离到岸还有两个星期，这是唯一的解决办法。海葬的时间提前通知给所有的赛队，全体船员在那一刻一起默哀。

海葬当天的清晨，三亚号上一片肃穆。有影子从船后闪过，那是一只信天翁。

媒体船员在水手日记里写道：

翼展三米的大鸟，轻描淡写地顶着时速几十千米的狂风，翅膀也不见她扇一下，拿翅尖划着水，丈量海的大小。

信天翁飞行的姿态像在风和浪花中轻松漫步。她时不时飞到船侧，近到能看见她的眼睛，只见她锐利地盯着风来的方向，既不找吃的，也不左右张望。心无旁骛，只一心一意飞翔。

有人说离岸航行像坐牢，真在船上三个星期，我倒是觉得更像闭关面壁。眼前四周的汪洋大海不是禁锢，而是苍茫的画布，无比巨大的思考空间。把自己想象成寒山、拾得一样的隐士，彼在山间我在海心。

能在这忙叨叨的时代做一回隐士，和自己独处。跨个印度洋，何其幸事。

难怪海边人有过不去的坎儿就想去跑船。海上待久了什么都能想通了。想不通也放下了。

跨海纵万里，信天成一翁。

天气预报显示正前方将出现一个大风洞，约1000海里长，150海里宽。三亚号排名第一，避无可避，正冲无风带最宽的区域。第二名PSP物流号因为离风洞还远，受到的影响将比三亚号小得多。

黑洞一般的风洞挡在前行路上，毫无商量地吸去所有的动力和激情。风洞里海阔天清，波澜不兴，空气干爽，阳光炽烈，臭烘烘的衣服被烘出冬天晒被子的味道。傍晚夕阳美得骇人，云彩和浪影都在正确的位置，如开机屏保。入夜舷窗打开，稳当当安静静的船舱里，倒在吊床上一夜好觉……

比起咆哮西风带，这就是天堂吧……不，这是三亚号开赛以来最大的危机！所有船员都如坐针毡，向四方祈祷着：

风快来临！

老船员稳定军心，整整一天，掌舵的都是最具人生经验的老水手。见惯成败的他们不急不躁：这就是远航，看实力也看运气，不到结束不放弃，努力就好。

这一天是刘峰50岁生日，恰巧他被分到了“妈妈班”，负责所有人的全天吃喝。

“过生日为大家服务一天，也是不错的经历，算是个小礼物吧。”刘峰笑着和媒体船员说道。他没有特意告诉其他队友自己过生日的事，打算一个人在海上静静度过。媒体船员建议他用卫星电话给家人打个电话，刘峰回答说：“她和儿子在加拿大……我们的感情快走到尽头了，不用打了。”声音里掩不住的怅然。

凯瑟琳早已经把每个要在航程中过生日的人都记在了她的小本上，她准备了贺卡请人为刘峰写下祝福的话，而且偷偷告诉和刘峰一起当班做饭的刀客大卫。

大卫是急诊科副主刀，名副其实的“刀客”，他长得五大三粗，足有200斤重，圆粗的五指握住打蛋器，想趁刘峰还没起床的工夫做个蛋糕当惊喜。

刘峰当天的日记里写道：

今天是我的50岁生日，人生知天命之年，飘荡在这远离一切的印度洋中心，内心百感交集。我事先没有告诉任何人过生日的事，早晨交班的时候船长说“有好消息”时我还心里一惊，以为是说我生日。结果船长是说我们还剩1950海里，大约9天就能到达澳大利亚西海岸，第二名被我们远远甩出接近200海里，离预计抵达三亚的日期，还有整整100天！

我和刀客做饭，他在上午就见缝插针地挤时间烤了个巧克力蛋糕。每天晚餐后都会有一道甜点心，烤蛋糕很简单，把蛋糕粉加水打匀，静置一会儿直接烤就行，上午要是能做好，下午就轻松不少。

吃中饭时，突然船长喊了声：“One Two Three！一、二、三！”吃饭的船友们一同唱起生日歌，凯瑟琳递给了我一张签满了名字的生日卡，还有一块巧克力。刀客小心翼翼揭开蛋糕上盖着的布，褐色的巧克力蛋糕上嵌满了五颜六色的巧克力豆，仔细看上面竟然还有克利伯和三亚的标志，这竟然是船友奥利弗的妈妈特别定制的。奥利弗告诉我：“我妈让我和所有船友一起分享，没有比这更好的方式了。”这一刻我差点哭了出来。

在我吹熄了那象征性的一根蜡烛后，刀客用他外科主刀的胖手，灵活地把蛋糕切开。我在一旁洗碗，心中真是激动。没想到我活了半个世纪后的第一天，是以这样的方式开始的。一群之前都不认识的、来自全球各地不同文化种族的朋友，因为三亚号聚在一起，在节衣缩食、一切从简的海上用心来替我庆祝生日。这样难忘的庆生会让我的旅程变得更有意义。

过生日的优待还包括：船长特批我24小时不用折叠球帆，明浩承担起我洗碗及做第二天的早餐的任务，让我能饱睡一觉。不身在此地不知道这些优待的珍贵啊，此刻就像在天堂里一样。

三亚号的领先依然保持着，大家的心情都很好，就在这时，辛玥最期待的事情真的发生了。

完美的一天——辛玥

2017年11月12日，在海上的第12天，我第二次值厨房班，履行做饭和清洁的任务。迎风航行使得船体倾斜至少30度，给做饭带来不少挑战。我爱晕船的体质，让这一天原本充满畏惧，绝对想不到这竟是最完美的一天。这真的发生了吗？

厨房班一般从上午9点开始，我在7点左右下甲板吃晕船药，两个小时后刚好起效。我刚灌满水瓶，就听到甲板上有人大叫我的名字。直觉告诉我一定是有人看到鲸鱼了，因为经过几天相处，右舷组的人已经很清楚我想看鲸鱼的愿望。我抓着水瓶，冲上甲班，果然听到他们喊的是鲸鱼！我使劲望向他们指给我的地方，过了半分钟，余光里出现一股水柱！耳畔传来一声叹息般的喷水声。我心跳加速：是鲸鱼还仅仅是浪花飞溅？我盯着那里继续看，很快，又一股水柱出现，同时还现出了一部分黑色的鱼身，是鲸鱼无疑！

我继续盯着水面看，暗暗期望鲸鱼能跳出水面。水柱几分钟后就停止了，似乎鲸鱼潜下水去了，但我已经很满足了。自从驶离开普敦港口后，我们就再没在浩瀚的南大洋上看见过一艘其他船，却能如此近距离邂逅一头鲸鱼，缘分啊！

我正兴奋地抓耳挠腮，组长金柏森喊我去掌舵，她说我未来24

小时都不能参与航行了，趁现在多玩一会儿。差不多9点，我下舱去准备厨房班的工作。和我搭档的是左舷组的奥利弗，平时换班工作基本见不到另外一班船员，厨房班是和其他班船员交流的好机会。

迎风时，厨房里的工作比平时困难几倍，当然这也是难得的体验。特别设计的灶台能随重力旋转，因此不太受船身倾斜影响。但每次船头从一个大浪上飞落下来，船身都会剧烈震颤，锅里的水也会随着跳出来。而各种小物件也会飞来飞去，包括烤面包机里的面包片，常常在烤好的一瞬间直接弹飞出去。奥利弗和我同岁，我俩把每一个不便都当作一个小挑战来找办法解决，能解决好自然很得意，没解决好则成为我们的笑料，整个厨房班就在惊呼和欢笑声中度过，而我竟然一点也不记得晕船的事了。

值得一提的是，我们烤出了“波浪蛋糕”。因为蛋糕放在烤箱里没成形的时候，蛋糕混合液随着灶台的晃动，倾斜角度不断变化。结果出锅的时候，蛋糕表面就像海浪一样起伏。味道得到了大家的一致肯定。

航海姿势

鲸鱼、掌舵、波浪蛋糕和欢乐惊险的厨房班，这是我海上最完美的一天。

三亚号欢乐了几天后，麻烦来了，我们又撞到了一个天气预报上没有的风洞，船像踩了刹车一样停了下来，后队的风却越来越好。导航台前人头攒动，耐不住性子的水手们挤在一起掌捺尺量，研究着我们正逐渐消失的“领先优势”。

突然，第二名PSP物流号进入了隐身模式！这意味着未来24小时里谁都不知道他们在哪儿，而深陷风洞的我们也不能参照他们的航线判断风洞的走向。温蒂对PSP物流号船长马特的航行水平向来称赞有加，他选在这么准确的时机隐身，真是厉害！

“最多还有24小时！”有人开起了船长的玩笑，10天前船长就是这么安慰被顶风颠散了的大家。现在所有人都在怀念40节顶风的颠簸，让船再颠起来吧，颠散我们的焦急。

整整36个小时，三亚号四周还是一点风都没有。船头正东，航向正西，船被水流带着缓缓倒退了8海里。后面的船观察到三亚号的窘况，纷纷转向躲避风洞。领先了22天，一度扩大到190海里的差距，两天之内消耗殆尽。一天半时间里，有三艘船超过了我们。全船依然神采奕奕的只有辛玥了，平稳的甲板上她还在等着鲸鱼。

还是没有一丝风，风向标的指针在桅杆顶转圈。舵手竖起每一根汗毛，感受着空气的微微变化，竭力平衡着左摇右晃的船体。

“换舷！……不对，再换回来！”

“升球帆！……不行，换回前帆！”

为了抓住风，大家尝试着每一个可能，没人有怨言。

深深无奈的大家各自找事打发焦虑。工程师维修了有隐患的缆绳，中仓重新调整了缩帆绳的位置，所有滑轮都被润滑了一遍，绞盘也被拆开维护过，厨房清洁过了，垃圾整理过了，连下一程的购物清单都列完了……三亚号准备好啦，风几时来啊！

汤姆·猫猫爬到桅杆上张望，他突然兴奋地大喊："有云！"人们精神一振，看着他一脸坏笑指着远天的一小片云。

眼下，天边的那朵孤零零的云彩就是我们所有的希望，希望她是风派来的风信子。

400米开外的地方隐隐地有些铁黑色的东西浮出水面，喷起几道水雾，又慢悠悠沉下去。那悠闲的样子让人十足相信，海是属于它们的。什么输输赢赢，我们只是来蹭风的过客而已。

"鲸鱼！鲸鱼！辛玥！有鲸鱼！"水手们喊。

"看好她，不要撞上去！躲开她！"温蒂喊。船长可真逗，怎么躲？开发动机吗？

请看关于风洞的诗：

南天有海曰咆哮，
绝境无人只云涛；
极地寒息冻万里，
风狂如刀浪若蛟。

三丈波起水搭弓，
七十长舟箭离弦；
只配波间舞帆者，
他洲一靶隔海瞄。

生得逐波碎浪志，
量天界洋任逍遥；
唯愿风浪常随我，
不得一日水声悄。

三亚号离终点线还有45海里时，已经有三艘船冲线了。取得前两名的是急救船员落水后落在最后面的大不列颠号和前去支援的Unicef号。正因为他们落得太远，所以有充足空间绕开那个大风洞，最先冲线。造化神奇，莫名其妙。

第五名勇往直前号在身前19海里处，三亚号暂处第六名。风向是三亚号擅长的正迎风。

只要有风，温蒂总是神采奕奕的。“这次大家航行得都非常棒！我们运气不好，但我也很尊敬后面船队的表现。”温蒂船长在午餐会上说：“金兰丽告诉我今天打开了计划内的最后一个食品袋。我做船长从没开过应急食品包，所以今晚必须要到！比赛没结束，勇往直前号就在我们身前十几海里，现在我们的目标就是拿下他们！比赛没到最后一刻不算完！”

晚上 8 点，勇往直前号的航行灯出现在了前方，两条船只差 4 海里了。这下所有水手的积极性都被调动了起来，温蒂算出了最高效的航行角度，舵手法国人阿奔全神贯注，把船保持在最快的速度，前甲板的俄罗斯迪马一刻不停地检查着帆的形状，只要有风，有船，有浪，没人还去纠结风洞里的煎熬。

两条船都需要不停转向，始终和风向保持 30 度左右的夹角才能到达终点。经济地选择航线，准确无误地转向是关键。到了夜里 12 点，三亚号所有人都起身穿上了航海服到甲板上压舷。温蒂亲自掌舵，冷风呼啸的夜，云彩遮住大半星光，甲板上漆黑一片，只有水手的眼睛亮亮的。

“压舷！压舷！”

“先不要动，保持压舷！准备转向！不要动！我只是说准备好！”

“各就各位！小步走，动作太大会让船减速！”

“没有工作的人不要急着动！保持压舷！”

“准备好了吗？……转向！拉！使劲拉！”

“所有人不到我说动不要动！”

“尽量往上风坐，往前坐！不准坐在中舱里避风！你们想不想快点到了?!”

温蒂大吼着，双眼映着电子罗盘的微光，炯炯有神。水手中有人嘀咕：我们这点体重，对于满负荷后 36 吨的船真的有影响吗？

但三亚号却毫不犹豫地一点点追上了勇往直前号，每次转向都近一点，错身而过的时候能看到，勇往直前号上只有不多几个人在甲板上，值班的水手们在中舱里坐着，舵手不时回头看一眼三亚号。

像电影剧本一样的情节发生了，24 小时前还落后 19 海里的三亚号，在最后一个转向后，非常明确地超到了勇往直前号前面。

冲线！领先勇往直前号 56 秒！

三亚号最终在凌晨 2 点以第五名完赛南印度洋。靠岸的时候已经是凌晨 3 点，岸上欢迎的人们满脸好奇地看着三亚号水手们，他们疲惫但满足幸福的笑脸，像是赢了比赛一样。

在弗里曼特尔，全体船员为西蒙举行了追悼仪式。

那是一个南半球春天的傍晚，弗里曼特尔帆船俱乐部外的草坪上，整齐地摆着几百把椅子。有几株树遮出一角阴凉，树下放了一个讲台。一位全身黑衣、体形高瘦、头发灰白的牧师安静地坐在讲台旁边的长椅上垂首祷告，等候大家找位置坐好。

所有赛船的水手都来了，有人带了家人朋友，也有不少当地俱乐部会员来参加悼念，大不列颠号的水手们坐在最前面，其他人安静地混杂在一起站着坐着，挤满了整片草坪。

船长安迪身穿“Sailing is Great（航海最美妙）”的 T 恤坐在第一排角落。刚满 29 岁的他戴着大墨镜，和连鬓的短胡茬一起遮住了大半个脸。他低着头看着手里捻着的几张纸，时不时和来到身边的队友握手交谈两句。十几天前是他在船上主持了海葬，将西蒙永远留在了印度洋。

草地紧挨着一片泊位，斜阳从桅杆间穿过，在港湾里晃动，影在人们的身上暖洋洋的。讲坛后面立着一个大航海年代的旧大铁锚，通体海浪抛出的黑亮，夕阳给这黑锚镀出一道金边，像是唤醒了远古的祭器。

牧师缓缓地站起，低沉的嗓音低缓悠长地解释着基督教信奉的生死奥义。他念了西蒙家人的来信，说他是一个好丈夫、好爸爸、好儿

西蒙的追悼仪式

子。西蒙被挚爱的海洋收走，家人体会到了我们所不知的意义。

然后是队友特蕾莎致辞，她回忆了航行中西蒙那些慰藉人心的玩笑。“你有没有做好准备，把自己交给海洋？只有起航，在所不惜，变成怎样。”

大不列颠的船员们脸颊上带着温暖的微笑，泪光闪烁在他们的眼角。

船长安迪念了一首他自己写的诗：

……

就此放弃不再航行

那将是无比轻松的心情

但我们不会

我要和我的船一起

带着西蒙的名字前行

现场放起大不列颠号队歌，电影《烈火战车》插曲。前排站起一位女船员，将一捧白玫瑰放在了那黝黑铁锚旁。我想，这不随时间更替、长久伫立于此的顽铁将成为西蒙的纪念碑，铁锚身后的无尽大海将承载一切有关他的思念。

两个月后，大不列颠号船长安迪还是离开了克利伯环球帆船赛，他说：“在船上，总在怀疑自己的决定。”

第三章
完胜袋鼠国

因为上一站的风洞耽搁，在弗里曼特尔的休整时间被压缩到了5天。大扫除，追悼会，修船修帆，补给食物，船员更换，忙得不亦乐乎。大使船员辛玥一直在船上帮忙，她住在那狭小的床铺上，直到起航的那天。

“我好舍不得啊，你把我藏在货舱里带走吧，我吃得又不多。”船长开新水手起航布置会时，辛玥小声地问和她聊得来的俄罗斯水手迪马。迪马一笑，转头看见辛玥严肃期盼的眼神，才知道她没在开玩笑，一下子愣住了。

海不知有怎样的魔力。相信每个人都认识这样的人，原本生在山间，长在田园，半生幸福恬淡。但只要见过海一次，就一发不可收拾，哪怕抛弃一切，也要和海在一起。

明浩在他的起航日记里写道：

心情舒畅就去海边逛逛，心情不好也去海边逛逛。

海能吞噬我所有无关紧要的情绪，让我谦卑。人一谦卑就能找到自己的位置。不信你试试，再高兴的事，冲海喊两嗓子也能冷静下来。

多少走近海边求婚的男女，成功了高兴得打转翻跟头，而后也不过亲昵地沿着沙滩安静走远，绝不会放肆到逼着海为自己鼓掌。求婚失败了不过就地冲海喊两嗓子，发泄过后也就沉默下来，安静走远。

纵有重焕新生的喜悦，纵有万事皆休的孤单，在海面前，都算不得什么。海只是起伏着，在你脚下数着沙滩的沙子。有多少泪能比得上海的苦涩，有多少离合海没见过？

为什么要远航？这个困扰我好久的问题慢慢模糊了。环球航行像是摆在我眼前、无法逃脱的命运。起航日和到达日成了我人生的结点，其余的时间都在解这些结，越来越简单纯粹，也越来越享受。此刻面对着起航旗，早忘了想前路是逃还是套。

海什么都没干，只是把我和一切熟悉的东西隔绝开。

第四赛段第一站　弗里曼特尔—悉尼

第四赛段分为三个分站赛，分别是弗里曼特尔—悉尼、悉尼—霍巴特和霍巴特—惠森迪群岛。

第一站从西澳大利亚弗里曼特尔出发，向南绕行南澳大利亚，绕过塔斯马尼亚岛，通过巴斯海峡出口，向北最终抵达悉尼湾。历时 13 天，三亚号实际航行 2831 海里。

陆地休整时间太短，起航时大家都有点怔怔的。温蒂突然喊了一声："去舱里找找，看看辛玥是不是躲在哪儿了？"老水手们哄然大笑。

新上船的三亚号大使船员常烁看看另一位大使船员韩晓强，问道："这是什么梗？"

三亚号这一程有两个半"大使船员"，住在上海的北京人常烁、住在三亚的西安人韩晓强，还有住在香港的江苏人杨国峰。杨国峰是自费船员，他的梦想就是完成第四赛段的悉尼—霍巴特和最后一赛段的纽约—伦敦德里—利物浦。杨国峰是三亚号的福将，他的故事后面再讲。

正牌三亚大使船员里常烁是北京人，曾经历时两年，单人骑自行车穿越四大洲，被女水手艾伦·麦克阿瑟的环球事迹感染，开始接触帆船。

韩晓强花名“大河”，来自西安，虎背熊腰，走路飞快，爱穿跨栏背心秀胸肌，爱扯脖子唱那种有很多“嗷嗷”声的歌。名叫大河的西北汉子最爱大海，2015 年他到三亚做了一名小帆船教练，和朋友一起经营一家小帆船俱乐部。

大河向往远航，三亚号一召集他就报了名并顺利入选，考官评语：强壮有力的水手，具有团队精神。

考官没发现大河的缺点：吃得太多！训练期间没有一天他是饱的，三亚训练阶段成绩好，可能和他吃干净了所有储备，让船变得很轻有关系。

除了用吃为三亚号减重，大河还是三亚号上的“大力王”，一次有两个人要把三十多千克重的锚从船尾搬到船头，被温蒂制止：两个人走不稳危险，找个有劲儿的一个人去拎。大河得令，一个人过去把锚带锁链一起拎了回来。

大河外表粗犷内心细腻，第四阶段还没到交换日就早早地来到澳大利亚参与准备，几天下来把船摸了个清，也和船友们混熟了。

不过好汉上船也要晕三天，开船第一天，大家坐好了等放午饭，大河一头大汗、脸色蜡黄地呻吟道：“我被击中了！”

大河

“击中哪了？”大家闻声一惊！舱里一股咖喱鸡饭香，刚起航吃的就是好！

“我被击中了！不行，被击中了！”

大河鼻子眼睛嘴巴都挤到了一起，豆粒大的汗珠沾在他脸上。他挣扎着穿起救生衣，手脚并用往甲板上爬。原来击中大河的是晕船。他在日记里写道：

第一天晚上6点，我在换班时候被晕船击中。我在舱内穿装备时，手脚已经发软，救生衣枷锁一样套在头上，感觉船舱里异常闷热。等我穿好装备，出了舱口，我用右手袖子抹了一下脸，整个袖口湿了一大片。我不禁想象自己的脸在别人看来有多么苍白可怜。

于是这场和自己的较量开始了。

晚上连着吐了两个班，第二天早上情况并未好转。早餐我逼迫自己吃些东西，但是刚吃一口粥就立马滚到厕所里，抱着马桶，肠子都要吐出来一般。不能饶了自己，我又端起饭碗，一口一口硬塞进嘴里。旁边的女孩鼓励我，她说她刚开始上船也是这样的，每个人都有一段适应期，我应该很快就会适应了……她话没说完我又吐了。

第二天中午进舱后又是吐，没有吃饭，遵船长令吃了晕船药。吃了药后好了不少——从吐酸水变成了口吐白沫。

浑身乏力，最难度过的是换班间隙，强拧着神经，让自己起床。绝对不放弃！换航海服，穿鞋，穿救生衣，等一切穿好后，又是吐，走出舱外，瞬间感觉解脱，大海这么大任我吐也！

在甲板上刚一露头，大河就被船长逮个正着，“大河上绞盘！”一整天没吃饭的大河一上来就是力气活。

好汉大河晕足三天，水米不进，生生在绞盘旁杵着。扶着摇把眼看船头，眼神时而呆滞时而凶狠，也不知在想些什么“中华料理”。

第四天，被晕船击中的大河活过来了，轻蔑地回答大家的问候：“出海最多晕两天，谁都一样。”晕到不识数还嘴硬。当值做饭的水手正在揉面做面包，大河眼睛贼亮，直勾勾地看着面团问：“做刀削面吗？”

三亚号迎来了新难题：大河胃口开了！

大河的英文马马虎虎，却丝毫不妨碍他在船上广交朋友。英国船员克里夫下船后把价格不菲的全干式航海服送给了大河。克里夫 65 岁，十年前卖了自己的公司，从此“想干什么就干什么”。他本赛季报名了三站克利伯，然而只跑了一站就决定放弃，成为三亚号第一个中途退赛的水手。

克里夫退赛的理由听着很充分，“这和我想的不一样。吃得太差，环境太差，船长太凶。我这么大岁数了，来这挨一个女人没完没了的数落？”

帆船环球航行可不像坐豪华游轮那样轻松惬意。因为和想象中有落差而想退赛的不止克里夫一位，全程水手，英国退休建筑工程师基斯也快受够了。基斯目前独居，有五个孩子，两个自己的，三个是前妻带来的。他努力工作把五个孩子都养大成材。独居后，有一天他被入室盗窃，跟随他半辈子的精工表被偷走了。等警察来的时候，他突然想明白了，不能再这么委屈自己了，第二天就去买了一块劳力士航海表。但没过多久戴名牌航海表的基斯又一次醒悟：一块名叫航海的手表并不能解决自己的真实需求，于是放下了一切，64 岁的基斯决定去环球航海。

在英国集训时，基斯就在粗大的肩头文上了三亚的标志文身，以此明志。把一个过去闻所未闻的城市名字文在身上，是何等的勇气和迫不及待，这场航行将改变他的生活。

但印度洋上的基斯开始犹豫：环球航行不是下定决心咬紧牙关文文身明志就能撑下去的，11 个月，335 天，对于一个 64 岁的男人是很宝贵的时光，耗在一无所有的海上是否值得？

放弃的念头一旦产生，就会不停地冒出来扰乱水手的心。特别是环球水手们，一年的时间，每天都能找到充足的理由放弃。五十步不能笑百步，既然不管第一天放弃还是最后一天放弃，都是放弃，为什么不现在就放弃呢?

基斯说，女船长温蒂的脾气比他前妻还差，被温蒂骂的时候感觉简直是刚出了狼窝又进虎口啊。

船上还有一位老水手——杰克船长，澳大利亚人，68岁，头发全白，牙齿也开始掉了。杰克很瘦，小腿细得没有肌肉曲线，力气有限的他从不偷懒，但只肯做绞盘手，因为其他的事他有点“学不过来”。

三亚号上另一位“60后”——英国人托尼，今年69岁，和老杰克不一样，他壮得像个拳击手，而且精力充沛。托尼做了40年木匠，30年前，村里从婴儿车到棺材都是出自他手。托尼偶尔感慨，那可真是手艺人的好时代，家里大部分东西都是后山长出来的。左门框是长在山左的柞树，右门框是山右的柞树，钉门的钉子也是在门口小河上游的城里打的。

后来有了铝合金，各家的门都统一大小，木工活变少了，托尼的生意却更好了，因为学木匠的人少了，好木匠变得奇货可居，简直是一出英国木匠版的塞翁失马。老托尼得意地说：“手艺人可不能老出去找活儿，总有人听着名声来找我。”

这其实是托尼第二次参加克利伯，他的上一回克利伯之旅也是跟随温蒂船长。过来人托尼与新丁们分享：“温蒂上赛季比现在可凶多了，吼起来那叫可怕，有一天吼得我吃不下饭……”木匠托尼一脸如梦似幻地“回味”着，“但她能赢啊！我一听说她今年再来一圈，马上就报名归队啦！”

“托尼！换帆，快！”温蒂又开始她的温式狮吼，托尼闻声弹了出去，身手矫健得像个年轻人。

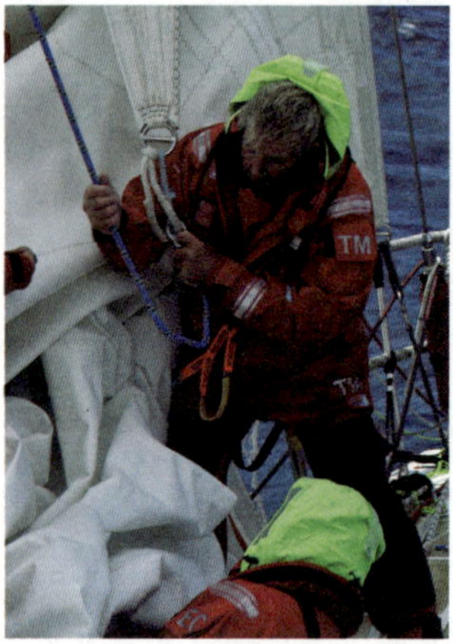

托尼

船舱下基斯的三亚牌文身绷得变了形，他憋红了脸骂了一句："混账！"猛地双手一举，沉甸甸的帆包只有一个角被他送出了舱口。守在甲板上的杰克和托尼赶紧抓住，三个"60后"加在一起接近200岁，拼尽全力地往上拽着。

"换帆，快！"温蒂一刻不放松地连环催命，大家的不满她全看在眼里，经验丰富的她知道，此刻最需要好成绩，不然气一泻，队伍可能也就该散了。

人为什么远航？了解越多越觉得，环球的水手似乎都在逃避什么。

一条船聚起逃亡路上的队友，交换彼此逃跑的经验。家庭，财富，爱情，生命……随着航行的继续，似乎剧情也愈加狗血，反正泪水再多也不会让海更苦涩。这特别的友情就在互相倾倒的苦水中酿成，无言无语兀自耍酷的大海继续折腾着水手们，让不能承受生活之轻的逃兵们感悟到了些说不出的心境。和自己，和世界开始和解，于无心之中交到知心挚友，无意之中找到从未想过的人生新方向，甚至找到了另一个自己。

不信你试试，坐个帆船随风环球跑上一圈，船回到了原点，人却再也回不去了。

在国内经常玩帆船的常炼写下了他和三亚号球帆的第一次亲密接触。

航行第四日，终于开始从迎风转向顺风航行，状态还不错的我换上重装航海服，准备迎接晚上6点到10点的夜班。谁知接下来的4小时有如噩梦一般，毫无停歇！

南半球正值夏季，晚上6点天依然很亮，船长呼唤大家准备在入夜前升球帆，终于要让“风筝”飞一会儿了。(球帆因为需要水手一直抓住绳索控制，像在放风筝，故有“风筝”的小名。)准备工作组织有序，二号中球帆顺利升起，船速明显提升。

谁知半小时不到，船的南部慢慢出现一片暴雨云团，慢慢正向北移动过来。船长一边观察云团的移动，一边考虑降下球帆。大家都希望船能跑在云团前面，避免将刚刚辛苦升起的球帆降下来，但南大洋似乎并不打算遂我们的意，转眼间就把一团乌黑的云彩送到我们眼前，能清晰地看到乌云下的雨线搅动着海面。

船长一脸无奈，下令降球帆。我跟着来自英国、意大利、德国的几个壮汉，冲上前去七手八脚奋力地将大前帆扬基帆升起，刚调好帆型暴雨就和船撞上了，幸好前帆升好了，球帆贴着前帆顺利收回，虽然人仰马翻，但动作很有效率，大家颇有成就感。

暴雨过后，夕阳透过远处的云间，一切平静下来，甲板上喘匀了气，几名船员在舱内整理刚刚降下的二号球帆，激进的船长等不及了，命令升起三号小球帆！母狮子从头拼到尾，果然名不虚传！

三号球帆刚升到一半，副缭绳就出现状况，绞住了主缭。升帆时帮了大忙的前帆这时挡住了球帆受风，球帆在船头时而狂舞时而消沉。在舵位上的船长不明所以，向前甲板怒吼着要汇报问题。我在摇把手的位置拼命地收紧主缭，企图尽量控制球帆的受力。失控的副缭鞭子一样抽击着横桅，发出空袭般的轰鸣，甲板下轮班休息的伙伴们估计这一觉睡不好了。

最终前甲板把扬基帆降下来了，副球缭闹够了自己也解开了，船恢复平稳。南大洋的夜刚来，我的汗水渗透了全身。谁知道啊，这只是前戏，入夜后，噩梦才正式开始。

天黑下来以后，我一直在做摇把手，和组长金柏森操控着球缭，一刻也不敢放松精神。暗暗希望着风别再变了，4 小时后就能顺利将球帆交给下一班，是升是降就是他们的事了。没想到 1 小时后风力忽然极速上升，我们换上了最有经验的法国人阿奔，下去查海图的船长回到甲板上，没等她站稳，状况就发生了。

一个高浪过来，球帆被浪兜得失力，风把球帆死死地吹缠在前支索上。船马上失速乱摆起来，船长指挥我和几名船员爬到前甲板，围在前支索周围，使出全身力气将缠绕的球帆往下拉。那一刻，甲板上四面八方灯光乱晃，南腔北调英语喊叫一片，我身在其中，如同承受十万点暴击！

花了半个小时才把球帆拽下来，又花了半个小时才把球帆从支索上解了下来。等我们收拾好缆绳，重新升起二号球帆，包好三号球帆……把这一通混乱处理完。另一班船员刚好起床交班。

脑袋沾枕头就睡着了，4 个小时后，深夜 2 点再次交班。我问大河和杨国峰："这 4 个小时你们干吗了？"他俩一脸坏笑地说："啥都没干啊，光躺着压舷来着。"

大河和杨国峰同一组，有一天他问杨国峰："你为什么不报名三亚大使船员啊？"

"我两年前就报名了，那个时候还不知道三亚会组队。"

"你老婆同意吗？"

"……其实我老婆现在正怀着我小女儿，到了悉尼我就要回去看一下，希望还能赶上悉尼—霍巴特吧，其实最早是她介绍我开始远航的。”

“你们怎么都有这么好的老婆啊。”当时还单身的大河一脸向往，回到三亚不久，他就和当地女医生走到了一起，他教会女友驾驶Hobie16双体赛船，两人获得了三亚家庭赛的亚军，当然那是后话了。

离开西澳大利亚10天后，赛中赛“海洋竞速跑”开始了，270海里的航行，“拼命三娘”温蒂一直没回过床，困急了就在导航台坐着打个盹儿。

为了增加比赛的激烈程度，克利伯的大多数赛段中都设有海洋竞速跑，简单来说就是在航程的某个区域（通常是有好风的地方）设立赛中赛，通过该区域用时最短的船队，获得竞速附加积分，第一名获得3个附加分，第二名2分，第三名1分，其他队0分。

对于好胜的温蒂和三亚号来说，当然是每分必争。

从第四赛段起航开始，三亚号一直运气不错，连一直不靠谱的气象预报似乎也靠谱起来，温蒂却依然心神不宁——终点悉尼游艇会可是她的大本营，大帮朋友粉丝都严阵以待，准备了盛大的欢迎仪式，温蒂自己心中的剧情当然是“勇得第一，荣归故里”。

可是这几天船上的气氛有点沉闷。

“需要好成绩来刺激一下！”温蒂想。

“伙计们，我们是在比赛！这里是大洋，一定会有大浪，这么慢吞吞弱爆了！咱们现在20多节风才跑10节速度，西雅图号都跑到14节了！”

“瞬间速度14节……”较真儿的德国水手本特认真地纠正，但话一出口即被风吹散，反正近在咫尺的温蒂没听到。

“现在是你们值班的时间，你们自己决定。一小时差4海里，一晚上我们就被超了。我认为哪怕升一小时球帆加快速度也是值得的！先把球帆搬到甲板上！”

指令这么气壮山河，球帆已经上了甲板，还让水手“自己”做什么“决定”？

“比赛就得认真，分秒必争才来得痛快！”法国船员阿奔对温蒂的领导方式丝毫没有意见。

球帆升起来了。高过船舷的浪，从后向前急涌。一个大浪追上三亚号，船尾被高高抬了起来，阿奔把舵盘稍一卸力，船头一扭指向浪前进的方向，紧跟着大喊一声：“摇！”

绞盘上蓄势待发的汤姆·猫猫，“喵”的一声长啸，一通狠摇，缭绳绞紧，帆兜住风，阿奔紧紧抓住舵，把船摆出完美的角度，巧妙地抓住三四股力量：风使劲吹帆，浪推着船底和龙骨，地球引力把船往浪底拽……转眼融到一处，推拉着三亚号呼啸而去！

“24节啦！”阿奔大吼，瞥向温蒂，得意地抖了抖眉毛。

“你方向跑歪了，越跑越远！”英国人汤姆·猫猫不会放过任何纠正法国人的机会。

天说变就变，风力大增，正前方下起雨来。

“降帆！”船长上甲板来下令。

“真就升两个小时啊?!”因为升球帆而筋疲力尽的水手面面相觑。

魁梧的组长麦克·风最辛苦，重活累活抢着干。他此刻累得两眼发呆，口气却充满见过世面的自信：“远洋赛就是这样的！”可能是给自己鼓劲吧！他拍了拍大腿，带头走上了前甲板……

18个小时以后所有船队都完成了海洋竞速跑。温蒂收到克利

海洋竞速跑

伯的确认邮件，她迫不及待地向船员宣布："我们计时赛段第一名，3分！"

"吼吼！"全船欢呼！

"我们快了第二名15秒！"

"270海里的比拼只赢十几秒？难以想象！"

"天气要好了，快包好球帆准备升回去！伙计们！快！快啊！"船长一见船后云开日明，马上又闹起来，湛蓝的眼睛里，水手们的抱怨慢慢隐去，只闪着球帆的影子……

抵达悉尼之前的24小时是开赛以来最紧张的。

在茫茫大海上分头航行了22天，三亚号、青岛号、西雅图号三支队伍居然重新聚首，早晨8点，青岛号和三亚号在30米内擦肩而过。青岛号大红的底色上飞腾着一条金龙，威风凛凛，和三亚号上抽

全体上甲板降帆

象雅致的彩凤在东澳大利亚外海上相映成趣。“龙凤呈祥”从大西洋一路演到了太平洋！

此刻天气预报已经没有用，三艘赛船像场地赛一样斗智斗勇，两艘近岸缠斗，第三艘就走外海。三艘船的水手都是一样的心高气傲，力图在最后时刻把对方拿下。

青岛号首先出现判断失误，他们被远海的小风区耽误了一下，冒险走近岸的西雅图号利用离岸风取得了很大优势。三亚号上气氛紧张，温蒂尤为神情严峻，嘴唇抿得雪白，眼中杀气腾腾。在家门口被西雅图号船长妮妮这个 23 岁小丫头打败的恐惧煎熬着她。

可这是悉尼啊，邦迪海滩，悉尼湾，温蒂从小在这长大，每一块礁石，每一个灯塔都刻在她的心里。

“蝴蝶帆！”温蒂大喊道，“阿奔到副舵位，帮我一起掌舵。”经验丰富的法国人阿奔马上明白了温蒂的计划。

悉尼湾外，浪涌直冲湾口而去，前帆和主帆被拉到了船的两侧，风从正后方推着船。浪和风的微小改变都会作用在船上，让船乱摆，要两个人发力才能保证稳住舵。这是效率很低的航行方式，但却能直奔终点。

这正是当地人温蒂的智慧。

西雅图号等了至少5分钟才跟着换上了蝴蝶帆，但就是这5分钟，三亚号取得了无法撼动的优势。

彪悍的悉尼游艇会亲友团把迎接温蒂凯旋的船开到了外海，家属船，媒体船，摄影船，三亚号被团团围住，悉尼湾内，“三亚”“温蒂”的喊声震天。

“基斯！”温蒂突然大喊，正和亲友团挥手的基斯不知道温蒂叫自己干吗，愣了一愣。

“快来掌舵冲线！”

基斯乐得大嘴咧到了耳朵后面。

冲线！三亚第一名！“基斯好样的！”家属团一阵阵欢呼。

“三亚号，冠军！”悉尼游艇会外的广场上，竞赛官马克大喊道，全场起立，目送身着“三亚蓝”的水手们登上领奖台。没有金牌，没有奖金，三亚号收获的只是水手们真挚的掌声，和一面金色的三角旗。这面旗将随着三亚号完成剩下的征途，飘飞过世界的港湾。

第四赛段第二站　悉尼—霍巴特帆船赛

第四赛段第二个分站赛，悉尼—霍巴特，向南驶入塔斯曼海，经过巴斯海峡出口后，绕过南纬43度的塔斯马尼亚岛最南端，进入“风暴湾”最终抵达霍巴特城。历时3天半，三亚号实际航行704海里。

从创始那天起，悉尼—霍巴特帆船赛就是雷打不动的圣诞节后第二天起航。因此，对于一个真正的澳大利亚水手来说，圣诞假期

悉尼—霍巴特起航日

要比任何工作日都忙碌。悉尼游艇会外的大草坪上，铺满了检查或修理中的船帆，水手们摩肩接踵地运船，备船，备帆，采购，报到，开会……

12 月 26 日一早，悉尼游艇会门前，排队的汽车慢慢移动着开上充作临时停车场的草坪，车轮子碾过草叶，空气中满是青草腥泥土香。参加 2017 年悉尼—霍巴特的赛船整装待发。

悉尼—霍巴特是世界上最著名的离岸赛之一，赛史七十多年来成就了许多伟大的水手，也埋葬过不少顽强的英魂。悉尼人以这场赛事为荣，每年圣诞节后 12 月 26 日“拆礼物日”是雷打不动的“悉尼—霍巴特”起航日，全球电视直播，到现场看起航更是悉尼民众的传统圣诞项目，每年这一天，悉尼湾两岸人挤得针插不进。百舸扬帆，千舟相送。赶回香港陪夫人产检的杨国峰，起航前一天赶回悉尼，继续他梦寐以求的悉尼—霍巴特之旅。

悉尼—霍巴特必经之地巴斯海峡，位于塔斯马尼亚岛和澳大利亚大陆之间，南大洋海流由西向东挤过海峡，形成复杂的海潮。加上“咆哮西风带”的西风，让海况变化莫测，几乎每年都有船只桅杆折断退赛。1998年更是造成十几人丧生的悲惨海难，是帆船届最大的惨剧之一。

然而无数水手仍然向往这场噩梦。也许这是笃信人定胜天的这个年代里，所剩不多的和大自然公平交锋的战场，无章可循，全凭本事。

1998年悉尼—霍巴特大海难。115艘出发的船队，只有44艘抵达霍巴特，66艘船退赛，5艘船沉没，6人失踪。

当年的冲线冠军是甲骨文老板拉里森，赛后拉里森那句“活到1000岁我也不再参加悉尼—霍巴特”被澳大利亚人年年挤对。

“如果活到1001岁我就回去参加悉尼—霍巴特。”会讲故事的拉里森多年后补过一句。

游艇俱乐部门口停了一辆大集装箱车，将船员们的多余行李运去终点霍巴特。人们排着长队，交钱买票，30澳元一件行李，这是组委会惯例的安排，为了让船速更快，水手们会想尽办法给船减重。决定拼到底的温蒂船长除了6罐红牛，什么私人物品都没带。

码头旁边竖起的大屏幕上正在直播只有参赛船长参加的天气通报会。会议就在俱乐部二楼，里面的人都晒得黑黝黝的。

会后，各种各样的大小船只陆续离开码头。由上一站获胜的三亚号领头，11艘克利伯70赛船列队在悉尼港内做了一圈巡游。海湾被各种级别的赛船和大小观赛船挤得满满当当。巡游经过悉尼歌剧院时，许多观赛船跟了上来，不时有船凑近打招呼致敬，高喊船长温蒂的名字。

大大小小上千艘观赛船在起航线两边慢慢聚集，给宽大的悉尼湾划出一条几百米宽的航道。

对讲机里传来一声蜂鸣，离起航炮还有 10 分钟，海面上气氛紧张到了极点，大小船只各不相让地绕着圈子，试图占据最好的位置。

上风处的争夺最为激烈，水手们互不相让，彼此呼号警告着对方。半空中十几架直升机来回盘旋，螺旋桨声和船破浪声、呐喊声混在一起，扰得人热血上涌。突然一声炮响，各种声音瞬间大了几倍，一百多艘船集体加速，海面像开了锅一样。

2017 年悉尼—霍巴特帆船赛开始了！

悉尼—霍巴特的起航大会上，竞赛官马克故作高深地请大家猜这一赛段谁会押宝“双倍积分权”。水手们笑着看向三亚号的方阵，马克揭晓了答案：三亚号选择不使用！

整个赛季中每个队伍有一次使用“双倍积分权”的机会，就是在该赛段获得积分加倍的奖励，需要在赛段开始前提出申请。为了获得最大的收益，各船当然会选择在自认为胜算最大的水域使用。悉尼—霍巴特是温蒂船长的老家，她曾经 10 次参赛，也取得过冠军，所以大家都以为三亚号会选择在这里使用双倍积分。

温蒂不使用双倍积分权

经验老到的温蒂早在悉尼和全体船员交底：让别人猜他们的，我们不去拼这种短途比赛。双倍积分留着后面用。

这是非常聪明的决定，今年悉尼—霍巴特预报天气平稳，小顺风持续大半赛程，对于克利伯 70 这种 33

吨大船来说并不是最好的天气。船速慢，航线的选择比水手的实力要重要得多。

可是在酒吧喝多了酒后，温蒂又大咧咧跟人说她其实准备好使用双倍积分了："其实这个比赛我跑了 10 次，总有经验能用到，不睡觉从头拼到尾的话，拿第一还是很有机会的。"

没人知道温蒂是真的犹豫还只是在酒吧乱放烟幕弹。

果然，起航后风小得出奇，前两天唯一的故事是跑在最后一名的 HP 号救起了一个落水的水手，获得了大赛组委会 6 个小时补时奖励。6 个小时足以决定这种短途比赛胜负。

第三天一通乱刮的风把后队刮作了前队。三亚号的名次一路跌到了第八。风小到船帆都鼓不起来，气得两天头不挨枕头的温蒂上床睡觉去了，但没过两分钟她又出现在了甲板上，指挥水手们调帆……十足红牛喝多了的样子。

终点线在德温特河道内，要绕过南臂湾灯塔进入河道。领先的佳明航电号和纳斯达克号，已经摆好了航线准备进入南臂湾，预报中的风洞来了。

风洞把马上要结束的比赛停住了，三亚号在航道中间，视线内停着不下 20 艘干着急的各组别大小参赛船。

温蒂喝干了最后一罐红牛，哑着三天没睡的嗓子催大家睁大眼睛找风，她的失望和焦急挂在脸上，眼睛始终没有离开桅杆顶的风向标。"还好没有使用双倍积分。"她暗想道。

天气很好，领先的佳明航电号就在前方两海里处，他们仍然挂着球帆，摆好了角度，只要风再起的时候和刚才一样是东南风，他们就赢定了。

平滑如绸缎的水面上，左舷远处起了一点点波澜，然后右舷也有了动静。三亚号两侧的船都在换帆，左边用顺风球帆，右侧用迎风前帆，两艘船都在慢慢前进。左边顺风右边迎风，我们夹在中间不知到底哪股风会先刮到三亚号这里。

此刻只能靠运气，温蒂说：用球帆再看一会儿，如果来的是顺风，西雅图号换帆的工夫，咱们就能超过她。

温蒂双眼通红，把手伸向最近的基斯："把烟给我来一口？"

风不大，所有的大船都走走停停，这时三亚号左侧有一艘轻快的小赛船用大前帆慢慢超过了三亚号，她同侧的大不列颠号还挂着顺风球帆。

"换大前帆。"温蒂狠嘬了两口把烟屁股递回给基斯，"那个船长我认识，也是女水手，她很厉害。她用前帆我们也用！"

早做好准备的水手七手八脚就升起前帆收了球帆。刚换好风就来了，真的是迎风，而且风还不小，三亚号抓住机会一下子超过了大不列颠号和西雅图号。领先的佳明航电号和纳斯达克号被打得措手不及，他们准备好的顺风角度，在迎风天成了南辕北辙，等他们手忙脚乱地换好帆，三亚号已经冲了过去，超到了最前面。

进了河道迎风越刮越猛，三亚号水手们安心了，我们的迎风航行技术是所有赛队里最好的。但温蒂还是大声催着："HP 号有 6 个小时补时！不能掉以轻心！"

借着船大的优势，我们很快反超了那艘给我们指引风向的小赛船。温蒂大喊了一声挥了挥手，对面没有什么反应。第一名抵达的女船长有特别奖，温蒂如果不反超的话，奖该是那艘小船女船长的。

冲线了！第一名！霍巴特游艇会码头上有绵延不绝的美食档，按传统每一艘船抵达后都会降帆从美食档前驶过，人们放下手中的生蚝和白葡萄酒，集体起立为抵达的水手们欢呼。欢迎三亚号的人群等在空旷的克利伯赛船泊位前，游艇会大佬，温蒂的朋友们，三亚后援团，慕名而来的当地华人朋友们和当地的电视台挤满了码头，迎接冠军的到来。

HP 号最后一个抵达，补时 6 个小时后赢过三亚号，获得了悉尼—霍巴特站的小组第一。盛大的颁奖礼上，HP 号船长登台领奖，温蒂带领全体水手起立鼓掌。致敬正直、责任、奉献、互助的海员精神。

不论现在面对无垠的海洋，还是未来挑战广袤的太空，人类终归要像千百年来海上讨生活的人一样，学会互相信赖，互相支持。唯有同舟共济，才能达到彼岸。虽然没能获得冠军，但三亚号为成功救助他人的克利伯水手而骄傲。

随意拉住一位克利伯船员询问：最重要的航海技术是什么？恐怕回答都是："Clip on！系好安全绳！"

三亚号在悉尼—霍巴特站获得冲线第一名

时间回到在戈斯波特的训练月，大河在第一周训练日记里写道：

训练从最基础的船结构开始，逐一学习升帆、转向、掌舵、缩帆、球帆，通过系统而扎实的学习与不断巩固，我们一步步积累自信，慢慢地成为一个合格的水手。其中最让我印象深刻，也是训练最多的是：如何保证自己和他人的安全。每一阶段上船都要检查救生衣，风力超过 15 节时全时佩戴安全绳，每天都至少要训练一次的海洋救援，让我们烂熟于心。一遍遍重复的训练，督促我们养成海员的素养。我相信这些一开始打下的好基础，将帮助我们渡过海洋。

新年期间的整个霍巴特城变成了一个大聚会，港口边竖起一个大帐篷，所有的餐馆都聚集在下面摆摊儿，彼此熟悉或陌生的人们举着酒杯穿行其中，午夜不到，就全成了朋友。但陆地再好，水手也要回到海上。大河在悉尼—霍巴特结束后写下这样的诗。

我们生活在一个被百般呵护的世界
无论做什么
试图获得平稳且舒适的生活

但是如果你冲破固有的界限
做一个冒险者去尝试刺激的体验
摆脱社会的束缚勇敢追寻自由
寻找那攀登顶峰后兴奋的喘息

当你激情地
跃入了海洋
岸上的生活将骤然无趣

家人，朋友，家的舒适和享受
为了投身大海，这些都将被舍弃

这是一次全新的体验
跳跃出舒适的生活
狂跳的心脏
急促的喘息
一切排山倒海而来

那是冒险
那是畏惧
那就是它的全部意义所在
你要用尽全力拼搏和抗争
你必须去并战胜它
有的人穷其一生
就是那些勇士

第四赛段第三站　霍巴特—惠森迪群岛

第四赛段第三个分站赛，霍巴特—惠森迪群岛。离开风暴湾后，第三次经过风浪难测的巴斯海峡出口，沿着澳大利亚东岸北上，路过黄金海岸、布里斯班、阳光海岸，进入珊瑚海，最终抵达大堡礁西侧的终点艾丽海滩。历时 11 天半，三亚号实际航行 2054 海里。

东澳大利亚赛段，温蒂对这个海域非常熟悉。连续两站冲线第一，队伍磨合得正好。众人又觉得这是三亚号使用双倍积分的良机。

趁着温蒂心情大好，媒体船员明浩和她来了个快问快答：

明浩：“你为什么远航啊？”

温蒂：“我爱这蓝色的海洋。”

明浩：“说真格的。”

温蒂：“干别的我赢不了这么多人。”

明浩：“你为什么远航啊？”

温蒂：“我喜欢把人都甩在身后的感觉。”

明浩：“我以前就没这种感受。”

温蒂：“你命好，跟着我混吧。”

明浩：“为什么男女朋友不能在一艘船上比赛啊？”

温蒂：“十年修得同船渡，百年才得共枕眠。怕你们乱了辈分。”

明浩：“为什么天气预报和实际情况总差那么多啊？”

温蒂：“其实差不多，预报准的时候咱都赢了。”

明浩：“船长你不是吃素吗？为什么问厨房要鸡肉卷（chicken roll）？”

温蒂：“……你英语是和体育老师学的么？我要的是 kitchen roll（厨房纸）！”

明浩：“船长你觉得 Sanya 这名字怎么样？”

温蒂：“你觉得 Wendy 这名字怎么样？”

明浩：“不错，你的外号 Wendo 听着也很亲切。”

温蒂："Sanya 的外号 Sunny 看着也很阳光。"

明浩："那你打算什么时候用双倍积分啊？"

温蒂："到时候你就知道了。"

但温蒂还是决定不用双倍积分，原因是"这个赛段是热带，气候变数太多，不适合拼成绩"。可你温蒂哪天不拼成绩？

身上文着三亚的基斯还在犹豫是否要离开，工程师格林却忍不住了。格林是个急性子，只要有事做，让他干什么都愿意，但每天在船上枯坐却憋得他抓耳挠腮。

船上最忙的是值班做饭，只要有值班水手不舒服，格林就主动代班。颠簸的船舱里，他一忙三小时平心静气，一脸满足。如果不是他做饭和修卡车一样糙，可能大家就把做饭的差事全都让给他了。

"我想离开了，我已经知道是什么滋味了，不需要环球一圈来证明自己。"格林在霍巴特认真地说，可是她老婆玛丽只说了一句话他就老老实实回了船："你想让你儿子以你为榜样吗？半途而废？"

苏格兰大姐金兰丽也厌倦了。为了躲避正在离婚的焦虑，她选择环球，但从起航开始，她的男朋友大卫·连恩就追着她，在每一个到达站和她千里相会。

"我没想到这段感情能这么美好，现在我每天都觉得是在浪费他的爱……不过，我总要去一下三亚吧，到三亚我可能会离开。"

最令人惊讶的是，汤姆·猫猫也想离开。这个英国约克夏的小胖子每天都笑嘻嘻的，有一次被大浪打翻到四脚朝天，大家吓了一跳，他却笑了起来。他学东西特别快，是温蒂最信任的人之一，船上所有电子设备的密码只有他和温蒂知道，赛况紧张时由他代替掌舵的温蒂导航。没想到这个船上的开心果也有那么大的纠结和不满。

“你们经历的远航是这样的吗？我在这发挥不了什么作用。我的公司发展很好，一起创业的伙伴最近做得很不错，我不知道回去以后还能不能赶上他们了。我应该会坚持到三亚吧，三亚号水手没去过三亚总是说不过去。”

原本去意最浓的基斯现在是温蒂的铁杆烟友。刚开始几个赛段基本没见到温蒂抽烟，但自从第三赛段开始，成绩起伏不定，她的烟瘾越来越大。每一程上船前她都信誓旦旦地说不再抽了。起航后她却四处讨烟，还不准别人出去说，怕她 82 岁的妈妈知道后难过。像个孩子一样的 52 岁霸道女船长，让船上这些爷爷辈儿的水手们都哭笑不得。

半程航行马上就要过去了，其他船上也有人出现了退缩的念头，对于环球的水手们来说，这一年究竟在做什么？远航究竟是为了自己，还是做给别人看的？

哪怕是见惯风浪的船长，也会迷惑。两个月前经历了水手离世的 29 岁大不列颠号船长安迪决定在抵达艾丽海滩后退出。

艾丽海滩是上半程的终点，这个名字在中国并不知名，但说到艾丽海滩辖区内的大堡礁就人尽皆知。从霍巴特到艾丽海滩，一路沿着美丽的澳大利亚东海岸北上，有很多近岸航行，著名的度假胜地鳞次栉比，美丽的海岸线山峦起伏，海上看去现代文明和蛮荒原野交替出现，蔚为壮观。

这一日晚饭后路过度假城市“黄金海岸”，太阳在下山前躲进了云彩，天色瞬间暗了下来，碧蓝的海变得一片玄黄。

世间只剩两个颜色，云彩上的天穹呈现深入眼底的蓝，云彩下方的海岸是一片玄妙到金灿灿的黄。金光里能看见沿海的一排高楼，像

金光万丈与漆黑一片

是待放的烟花筒，准备打出漫天更耀眼的金光。

高楼附近的沙滩一定也是金黄色，灌木也是金黄色，男男女女都晒得半裸油黄，吃着熟透的杧果，喝着小麦酒，在完美的夕阳里乱跑。

过了不久太阳降到云彩下方，光辉万丈，瞬间抹去了城市的痕迹。人们举着相机、手机记录着这一刻。等到太阳终于沉下去，远山全部被勾了金边。人们满意地一转头，后方的天空不知何时聚起了乌云，天分成两半，一半金光万丈，一半漆黑一片。

刚刚藏过太阳的云朵也扑向海面，很快就和远处的乌云连在一起，天被遮得更严实了，深处黑得发紫。突然间乌云里闪了几闪，漆黑的云彩显出了层层细节，让人叹为观止。紧接着传来轰隆隆的一连串炸雷，乌云露出真实面目：一朵大雷飑。

接下来的半个小时是最辉煌、最有想象力的烟火盛典，几百个追着三亚号的闪电如飞龙围猎。远天的惊雷声中云彩依次亮起，像是雷神打起了战鼓。

海上的闪电

近处的闪电更是多到不知该看哪儿，有横有竖，有粗有细，有的横着穿过整片天空，有的竖着连着天和大海，当真是万龙显真形。温蒂心知厉害，早就催着水手们不要光顾着看闪电，尽全力赶路。我们运气不错，跑赢了群龙，闪电不甘心地在三亚号身后炸响。

这一幕像是一个意外的奖赏，是天赏给我们这些执意离开陆地，远航至此的轻狂水手的舞台剧。观众固然可以跟着事后的描述感受那一刻震撼，水手却曾和这些龙共享那片海洋。

天亮后船长通报，昨天的雷暴中，青岛号的桅杆受到雷击，整条船电子系统被毁，他们未来要靠纸质海图完成比赛。青岛号的标志是金龙，澳大利亚群龙肯定误以为他们是来砸场子的……

雷飑后的第二天碧空如洗，四面清明，船行缓，风浪平。

罐头豆子金枪鱼卷饼作午饭，吃完后水手们昏昏欲睡。忽然一朵云彩在海平线上慢慢出现，像天边盛开了一朵大黑牡丹。风开始转大，转眼间云彩大到不可一世。把长空一分为二，半边黑半边亮。乌云里深不见底，光亮处海鸟急遁无踪影。

三亚号航行了接近两万海里，还没见过这样的景象。水手们张口结舌地举着手机拍照，谁知一转眼乌云的边缘已经盖过了桅杆，大得遮天蔽日，正午黑似傍晚，四方混沌一色，海天界限不明。风啸雨至，长雷轰醒，船长闻声而出，破口大骂：

“你们都干吗呢!! 降帆！缩帆！准备转向！你们搞什么！为什么不叫我！早他妈干吗了！”

风雨里母狮子只穿一套背心内裤，就套着救生衣踉踉跄跄爬出舱口，推开众人抓住舵盘。水手们如梦方醒，归位待命。风已乱了套，上一秒似由天上直吹下来，帆失控乱舞；下一刻聚成狂风从左面呼啸而来，吹得船倒桅倾。三亚号右舷直没入水，船向右倒了 90 度，厨房里锅碗响成了一片。

只见母狮子眼带杀光，咬紧右下唇角，左腿蹬紧，右臂绷直，全身力量压住舵盘，勉强稳住船。

“缩主帆！”

平常嬉皮笑脸的前甲板汤姆·猫猫涨红了脸，咬着牙齿爬过前仰后合的众人，爬上桅杆拼命拉下主帆。

工程师格林和大河勉强站稳身体，狂摇绞盘不止，把主帆缩紧。

中舱里一团混乱，白的灰的绿的蓝的主帆缩帆绳，蓝白相间的三根前帆缭绳，各种颜色的缆绳散了一地。凯瑟琳和老杰克船长斜跪在地，在绳索乱阵中摸索，努力捋出头绪。

“拉缩帆绳！不要停，拉！拉！拉！”船长盯着前浪，余光瞄着主帆，嘴里吼着，一心三用。沉重的主帆被狂风吹得乱舞不停，全赖人手拉紧缩帆绳来抗衡万钧狂风。麦克·风和基斯半躺在地上，狠命向怀内拉着绳子，但缩帆绳拉进一寸，帆一抖就甩回八分，仿佛永无

远航的常见状态

尽头。

“拉！拉！拉！”

“在拉！在拉！还在拉！一直在拉！”基斯忍无可忍。两万海里磨出的掌心老茧攥着滑溜溜的缭绳本该毫无感觉，但他此刻手心火辣，眼底热腾，火气抑不住地上涌。

船长没空去计较，她眼中的怒气已经带着点恐惧，暴吼一声：“托尼！”

69岁的老托尼一惊应道：“唷！”

“上前面降帆！等什么！”

只见老水手挂住安全绳，啪啪两步就跑到了船头。一双蓝运动鞋转眼就湿透，海水从短裤裆里灌进流出，但老水手丝毫不理，胳膊肘攀住前支索，高抬起头，两手狠命向下拽着帆边。电闪在他身后一亮，给他描了个金边，好一尊海中罗汉！

不到半刻，前帆降下，主帆缩小，风已对大船无可奈何。托尼带水而归，击掌而乐！

“好爽啊，哈哈哈哈！”

如果有人坚持看到此处，感到沉闷、枯燥，恼火问：怎么说来说去都是这点事？不好意思，这就是远航的真相，不是所有人都配得上环球水手的荣誉，不是所有人都真当得起“诗和远方”。身在其中的水手们，他们和素昧平生的人一起咬牙忍受，在甲板上拖着几百斤重的帆换来换去，只为让速度快一节；在甲板下和颠簸、潮湿、缺餐少觉做斗争，抛开舒适，抛开自我，向着终点加速狂奔，只为得到“水手”的名字。

环球的荣誉，哪是说说就能得到的？大使船员常烁写下了这样的日记：

连着拼了两个比赛，原以为沿澳大利亚东岸北上的航程将是一段顺利的“香槟”航行（指风不大浪不急的轻松航程），没想到是澳大利亚赛段最难的。天有不测风云，说得太对了。

多日强劲的大迎风，说来就来的热带风暴，吞噬一切希望的风洞，恶作剧一样的顺风逆流……我们遇到了所有的天候。连在这片海域工作过三年的温蒂都疑惑不已：

“上一届比赛，这一段一路顺风只跑了8天，这一次竟然跑了13天！”

谁知麻烦远远不止这些。昨天难得一会儿顺风顺水，可是用得最多的三号小球帆突然从中间撕成了两半。还好帆边没有断，我们最终把帆救了下来。下一程将替换上场的三亚大使邢唯伟在帆厂工作，有她在修好帆应该没问题吧。不然按照克利伯的规定，帆具返厂修理，每500英镑扣除总积分1分。

我带着这些零零碎碎的压力过了一天，晚上6到10点我在的班组休息，只睡了一个多小时，就听到甲板上岗位部署，准备迎接风暴。气氛更加紧张起来，全员换上重装，关闭所有舷窗。舱内变得如同蒸笼一般，再无法入眠。只见舷窗外电闪雷鸣，索性下床准备上班。

海面上一片漆黑，下着大雨，热带海域白天大量蒸发的水汽在空中凝结等待夜晚的释放，整个南部天空被大量的积云覆盖，积云后不同方位一刻不停地爆闪着橙色的光芒。

主帆已经做好三级缩帆，船长和大副都醒着，应对随时可能到来的风暴。船长操控指挥，大副在导航台紧盯屏幕，观察风向风力的变化。缠斗了几日的利物浦 2018 号一度只和三亚号相距 500 米，以至于有时必须要照亮自己的帆，提醒对方我们的航向，以避免黑暗造成的距离错觉引发事故。

低低的云层，沉沉的气压，都预示着风暴的来临。突然，大副到舱口报告，不远处的西雅图号船速急速提升，这意味着他们已经撞到了风暴。

“风暴马上就来了，打开甲板灯！”船长刚发完命令，就下起大雨，“降帆！”一声惊雷配合船长的大吼。全员迅速反应，我冲上前甲板降前帆，雨水混着海水瞬间把我浇个湿透，唯一庆幸的是热带的海水和风带着温暖。

甲板上的每个人都用锁扣牢牢地把自己挂在安全带上，风浪推着船打转，温蒂使劲全力稳住船。

这一夜，长得没完。

风暴最终为参赛船只排出了冲线座次，西雅图号和利物浦 2018 号排名前两位。因为是近岸航行，战术变化不大，他们和三亚号之间 30 海里的差距很难追得上。

但三亚号仍在全力航行，保住第三名也不错，至少能上领奖台。船上已经开始讨论，下一赛段回归三亚，温蒂会否在回母港时用双倍积分。

谁知忙中出错，绕过弗雷泽岛前，负责导航的水手光顾着计算风和潮汐，把船带入了离岸 2 海里禁行区，一直盯着三亚号的西雅图号提起了抗议，组委会根据第三程绿色国际号搁浅后的新规定，给了进入禁行区的三亚号 6 小时罚时。

西雅图号的船长妮妮和温蒂一样作风硬朗，斗志高涨，我们一直感受到来自西雅图号的压力，回看前五站比赛，航迹线上经常看见金色的三亚号和绿色的西雅图号你追我赶。

在每一个到达站都会听到很多对女船长的赞美。一名女性带队跨洋环球，仿佛理应得到更多关注。两名女船长一直成绩非常好，更让大家好奇，在乌拉圭、悉尼、霍巴特，人们围在船边，辨认着谁是冠军女船长。

但温蒂不止一次说："我不认为女船长有什么特别。船长和水手一样，只有好坏之分。我决不会对我的水手，因为性别而另眼相看。"

两位女船长在第一程就缠斗了小半个大西洋，直到终点前 500 海里，还是三亚号第一名，西雅图号第二名，但随即西雅图号就因为球帆全部受损退出争冠行列。

第四程 23 天的争夺最后演变成两艘船终点线前的肉搏，三亚号仅以 1 海里优势压制西雅图号取得冠军。

第五程悉尼—霍巴特两艘船同时在德温特河口陷入风洞，直到最后一小时三亚才抓住机会摆脱，以不到十分钟的优势取得了第一。

有趣的是，两名女船长在到岸时经常是共住一间房的。不知她们睡前回想起在海上拼到最后一刻是什么心情。

最终，眼看到手的季军被罚成了第六名。获胜的西雅图号，第一名积分让他们追到了总成绩第四，三亚号仍保住了总积分第一。

不论怎样，水手们踏上陆地的一刻都无比轻松。水手和普通游客不同，远航的人把每一片陆地都当成家乡，咬牙挺过了风浪，目的地就属于你了，那种感受只有在海上漂一个月才感受得到。

每个港口的居民，那些问海讨生活的人，都懂得如何招待能把“他乡作故乡”的水手。

在澳大利亚惠森迪群岛，当地居民拿出了最大的热情欢迎我们，安排了一波接一波的活动，统称为“克利伯环球狂欢节”。城市游行，海滩大餐，牛仔斗牛……水手们自信配得上那些热闹的场面，他们肆意享受着啤酒、蔬菜、冰激凌——这些船上吃不到的，以及干床单、洗澡、网络——这些曾以为人生不可少的。

不管不顾地浪一趟，没心没肺地闹一场，航海之乐也！

但不是每个人都能变成浪子，基斯还是决定退赛。汤姆·猫猫和金兰丽仍在犹豫，他们决定到了三亚再说。

相互配合

温蒂有一天情绪激动，背着水手们抹了眼泪，不知是否在为离她而去的烟友唏嘘。

到了艾丽海滩就意味着环球过半了。

行程过半就像爬山到了山顶。上山时，盯着地面埋头苦走。偶尔停步，回头看风光如画，惊觉自己瞎走一气误了风光，暗想着下山时一定好好欣赏。真到原路返回时，光线变化、心情不同，上山时那些美景却是怎么也找不到的。

行程过半也有点像是人到中年，体力仍在，经验渐足，苦果和甜枣都吃了一些，开始懂得自己。

下面的航行要好好珍惜啊。

第四章

探秘中国海

“睡眼蒙胧”的帆船

第五赛程第一站　惠森迪群岛—三亚

第五赛段，有两个分站赛，惠森迪群岛—三亚，三亚—青岛。

第一站从惠森迪群岛的艾丽海滩离开后，船队将用一天时间，用马达推进渡过危险重重的大堡礁，在礁盘外正式起航，穿过珊瑚海、所罗门海，驶过巴布亚新几内亚，路过地表最深的马里亚纳海沟，驶入菲律宾海域。从台湾岛南端驶入中国南海，最终抵达三亚。全程 24 天，行程 4480 海里。

船队将穿过赤道回归母港三亚，并且一路途经中国南海、东海、黄海，在海上庆祝中国年。三亚组委会派出的大使船员是邢唯伟和刘满江。他俩是所有三亚号大使船员里航行经验最丰富的，各自都作为船长参加过很多次近岸帆船比赛。组委会本站派出他们，就是为了能助力温蒂，在回归三亚母港这一程拿到好成绩。

温蒂对两人的期待也很大，她认为邢唯伟是所有三亚号大使船员里最有可能继承她衣钵的。起航的时候她安排唯伟和汤姆·猫猫搭配做前甲板，这是三亚号全程唯一的一次女前甲板手。

说起来，汤姆·猫猫的外号还是唯伟给起的，这个金黄头发的约克夏男孩说英语时，口音在唯伟听起来拿腔拿调的，“一件小事叨叨个不休，像吃饱了的小猫咪呼噜呼噜。”

汤姆像猫的习性还很多，比如他爱爬高，基本上所有桅杆上的问题都是他去处理，他穿着橙红航海服，吊着安全绳爬过主帆的样子活像一只肥土猫。

检修设备

“五、四、三、二、一！ Go！ Go！ Go！”第五赛段在温蒂船长一如既往的大喊声中开始了。唯伟和汤姆·猫猫像短跑选手冲在最前，他们分别解开了系着两个前帆的带子，新入队的阿胜和满江紧随其后，在桅杆旁用力向下拉起升帆绳，前帆被迅速升了起来。这是全程唯一一次前甲板水手平均年龄低于 30 岁，真是青春逼人！

11 艘船靠得很近，连身旁 PSP 物流号和西雅图号上水手的脚步声都能听得清清楚楚。所有的船都在呼喊，在不大的风中聚起一股威风，湛蓝的海面上一片杀气腾腾。

新入队的阿胜是环球水手法国人阿奔的儿子。阿奔恐怕是全船最享受航行的人了，他在所有水手里掌舵时间最长，曾经在无风带一个人掌满一个班 6 小时。有人问他要不要歇一歇，他总是说：做这个永远不会累。

阿奔是华尔街精英，家底厚，在法国美国两地都拥有赛船，玩船 50 年，比赛经验丰富，全船只有他敢和温蒂叫板。从艾丽海滩起航后，三亚号需要小顺风绕过第一个转向点，温蒂要他尽量走顺风一点，争取不换舷绕转向点。阿奔当众拒绝："电脑计算距离和速度后的最佳航向（VMG）就是现在的角度，如果再顺会减速，反而不划算。如果必须要换舷那就换舷好了。"

有理有据，温蒂一下子卡住了，她以飞快的语速说道："换舷减速，电脑不算进去。何况万一换舷失误怎么办？"她说完见阿奔全无反应，气哼哼地回导航台了。

汤姆·猫猫见温蒂被"怼"走了，冲着法国人阿奔夸张地"哇哦"了一声。法国人阿奔一撇嘴："我是法国人，她说什么我没听懂。"

航海是法国人阿奔的第二生命，他成长在法国远航英雄埃里克·塔巴雷震惊世界的年代，从小就玩帆船。儿子阿胜从两岁起，就被他绑在船上航行，会骑自行车前就学会了掌舵。第一站船队抵达乌拉圭后，阿胜去探望爸爸，看着老爸在领奖台上嚣张的样子，他羡慕不已。阿奔趁机忽悠阿胜："现在报名还来得及啊！"阿胜回到纽约，辞了工作，报名受训，和老爸一起航行中国海赛段和跨太平洋赛段。

年轻帅气的阿胜，参赛费是卖比特币赚的，他把两个 17 美元时买进的比特币 8000 美元一个卖了。

"阿胜的本事都是我教的。"阿奔在华尔街做风险投资，儿子投资有道他自豪极了。

"我都是自学成才！他才不懂比特币。"阿胜丝毫不给老爸留面子。法国人阿奔被怼还是乐呵呵的，满脸写着"你说什么我没听懂"。

刘满江

人们忙活着，新洗干净的衣服被体温烘着，船舱里一股洗衣粉的味道。这段直冲赤道而去的热带航程，过不了几天就会衣香散尽，只剩肉味。

这是令人终生难忘的热。USB 小风扇顶着鼻尖吹，出发前买的巧克力全化成了酱，躺着不对趴着也不对，困得浑身痒。

海水净化器开启的时间越来越长，净化出来的水始终有股碱味，但一升的大水杯还是一仰头就能喝空。每天水喝掉几大桶，厕所却去不了几回。身上始终湿漉漉的，阿奔的帽子被汗湿透了，染红了一片，暴露了出发前刚染的头发。

厨房里做饭的麦克·风和迪马大汗淋漓，用汗水给锅里的饭菜加点盐。午饭喂饱了众人后，两个人一起冲上甲板张开双臂大喊："Fresh air！（新鲜空气！）"下风的人们迅速逃离了他们张开的胳肢窝。

一条飞鱼跳上甲板转瞬就热晕干瘪了下去，一阵鲜腥腾起，让人精神一振。海水开始展现湛蓝的颜色，热带高压慢慢靠近，风一直不大，远天的云彩压得极低，层层叠叠坐在海上。晚饭后，天凉爽了下来，夕阳从身后照过来，把天映照得霞光万道。

"三亚也这样。"满江一脸见怪不怪。

23 岁的三亚大使船员刘满江坐在舷边，写下一首诗：

三亚号

内心的深处，是一片汪洋
那一片汪洋，如你眼神里的光
一叶孤帆，伴随着惊涛骇浪
穿越云间，跨越大洋
无尽的海浪，淹没了悲伤
孤独常伴身旁，日复一日的时光
一次次的渴望，看尽人间的荒凉

夜幕低垂
天空点点星光闪烁，月亮在听你诉说
你看它听得醉了，越发的光亮
似乎要照亮一切，堪比太阳

我的心啊，回归的大雁
背身是大海，一路向北方
偶然之间，一丝暖风吹过

是你渴望已久，港口的气息
我的爱人啊，就在海的那一边
静静地等着，阳光穿透黑暗

汪洋之中，一群海豚游来
穿梭在船头两侧，久久不愿离去
对啊，它们想告诉你啊
快回到她身旁
回到她身旁
回到那心中所向的地方
飘着五星红旗的故乡
魂牵梦绕的故乡
那北纬十八度的阳光
埋藏梦想的地方
那些只属于我们的时光
三亚
那儿有值得大醉一场的朋友们
那儿有为你牵肠挂肚的亲人啊
还有让你怦然心动的姑娘呢
等着吧
我正迎风踏浪而来

热带的海上，闲下来就是看书、吃饭、聊天、睡觉。书有什么就看什么，要不就看看海鸟和云彩；饭有什么就吃什么，做糊了就全船一起饿着；人就眼前这几个，聊累了就听别人聊，没话了就一起挤着阴凉睡一觉。

值晚班时仰天躺着，看大月亮下白帆飞舞。凉风微微，吹得人晕乎乎的，被莫名的喜悦包裹着。刚下班的阿胜绑着安全带偷偷睡在甲板上，享受着船舱里没有的凉爽……

浑身干爽让人幸福得犯迷糊……晕了晕了，月亮怎么少了一角！

睡意一下子就没了，不会是月食吧。月亮一点点缺了下去，黑的部分隐约看得见暗红的影子，不到一个小时月亮被整个盖在了阴影里。当月亮被完全盖住时，整个海面都黑了下来，露出漫天繁星。

后来才知道，这是千载难逢的大月食，人们叫它“超级月亮”“蓝

超级月亮

月”“血月”，网上讨论得热闹非常。只不过面海如面壁，一起航，水手就不再为那些吸引眼球的事叫好，不为他人喜怒哀乐烦恼。流行词的热潮如海浪涌来散去，起航时尚未出现，下船时早已过去。不操全球化的闲心，而是真的去全世界看看。愿有一天带着回忆而去，心中满是世界角落偶遇的奇观。

又过了一个小时，月亮回来了，环形山像是在月食中洗过一般干干净净……

想做职业水手的邢唯伟做好了应对一切天气的准备，大风、小风，甚至无风，她都在心里做好了预案。但没想到她面临的最大挑战是，吃不下饭。

“饭太难吃了，忍耐要到极限了。”她说这话的时候，比赛刚刚进行到第三天。

连续两天的小风，船以 3 节的速度在海上漂着。悠闲的人们讨论的话题越来越集中在吃的喝的上。被提起来的关键词包括牛排、红酒、冰啤酒，后来拓宽到冰的一切东西都好。再后来统一了意见：一切和土豆无关的东西。

邢唯伟写下了第一天做饭的感受：

还没来得及从昨晚连追两条船，跑到第一名的喜悦中缓过来，就迎来了我在船上的一个“mother duty”——妈妈班。我和全程水手“政委”凯瑟琳合作，她号称在纽约烹饪学校学习过，让我安心打下手就好。

妈妈班从上午 9 点半开始，首先是准备午饭。菜单在上船之前就准备好了，需要严格按标注数量来取材（不能拿多了，以防船上食物到最后不够用）。

今天的午饭是“古斯古斯”沙拉，一种非洲小麦，长得像小米。凯瑟琳最爱做这道菜，她一边看着大家往嘴里塞一边说：“我跟你讲，这个是特别健康的食物。我原来在纽约学过做饭，我调出来的味道不要太好。这个东西煮熟了拌生洋葱、生西红柿、生胡萝卜、罐头甜玉米粒，味道好得不得了。保证你开胃，我跟你讲。”

顿顿吃不饱为什么还要开胃？

按照凯瑟琳的要求，我拿出了5个大洋葱、5个西红柿、6根胡萝卜切丝或切丁。洋葱辣得我泪流满面，凯瑟琳朝我笑下，说：“晚餐还有8个大洋葱和25个土豆要切。”

晚饭是牛肉烩土豆，脱水的牛肉罐头，用开水泡15分钟后，和罐头番茄酱一起煮，配土豆。船上100顿晚餐里有80顿放番茄酱，吃完胃里直反番茄味的酸水。我决定略过关于晚餐味道的描写，实在不能详细描述凯瑟琳做的烩土豆，让那味道从我记忆里消失吧。

“当妈”唯一的好处就是能睡个完整觉，9点上床挨枕头就睡着了，还不到5点就被叫醒准备6点的早餐。早餐只有简单的几样面包和麦片，就这样也被英国人把范儿摆了个十足，一个面包翻出了百样吃法，我在一个小时里忙翻了天。刚下夜班或急着上早班的水手们，饥肠辘辘轮流过来点餐，红着眼不知是饿还是困。

忙完船上19个人的早中晚三餐，差不多就该换回正常值班了，我上了甲板倒头就睡着，谁再敢说做饭比上甲板工作容易?！让他来赤道的海上，密不透风的舱里，左右摇晃的船里试试！

河南姑娘邢唯伟练过举重，后来在三亚游牧虎俱乐部学会帆船，现在已经是香港著名大帆船自力号的常任水手。一米七不到的身高，

邢唯伟

常年运动练得宽肩细腰，外国水手说起第一次看见她：迎面穿着个夹脚趾拖鞋，背着个防水袋松松垮垮地走来。硕大的黑墨镜盖住半张脸，蓬松的棕色头发向两边散开，自带一股饱经阵仗的花木兰范儿。皮肤黑得发亮，让赤道的阳光都为之一暗。

温蒂和唯伟有女水手间的默契和惺惺相惜，只要有采访问到三亚号大使船员们的航行水平，她都会把邢唯伟拉出来称赞一番。

“唯伟和我一样强壮，航行经验丰富。她特别有团队精神，不以自我为中心，能看到问题。而且她在帆厂工作，她对帆的理解肯定能帮到我们航行……如果三亚号有人能做船长，一定是唯伟。”

有一次温蒂看到唯伟一直在整理绳索，大声问道：“你要不要掌舵？”

唯伟手里整理着缆绳，没有理会温蒂。温蒂讪讪地说：“我就是问问，你不想掌舵可以不掌啊。”

唯伟一抬头：“我还是做中舱吧，不能都抢着掌舵。”

迪马凑过来问：“确定不是饿得掌不动舵？”

唯伟凤眼一挑，把风都吓停了。

一点风都没有，一点浪也没有。船只上下浮动，洋葱皮从船尾丢到水里，过了一个小时漂到了船头。看来洋葱皮比我们能更快到三亚！

回三亚的航线上最重要就是跨赤道，过赤道后每艘船都会举行祭祀海王的仪式，为水手加冕“过赤道”的荣誉。但赤道不是那么容易过的，这里温度的水平分布比较均匀，水平气压梯度很小，气流以辐合上升为主，风速微弱，很难感到有风，称为“赤道无风带”，英文叫 doldrums，原意是“忧郁”。三亚号船员们现在完全体会到命名者的心情。

无风的第一个 24 小时，水手们尝试了各种办法，希望海神眷顾我们这些每天喝 10 升水都不去洗手间的可怜人，但没有一个办法能让船稍微动一动，最后水手们只得停止折腾那些还要陪三亚号绕地球下半圈的帆。近乎直射的赤道阳光里，人呆坐不动，脑却不休息，没正事可想，心乱如麻，思绪真的涌到了忧郁里。

海忧郁，富有想象力的浪花不再出现。天空忧郁，大朵的云彩只在远方，没有一朵肯到我们头上遮一点阴。太阳把一群群小鱼晒到海面上，掀起忧郁的涟漪，引起一两只远行水鸟的杀意。

主帆的阴影是世上最美妙的影子，人躲在下面和炎热的忧郁死扛，直到傍晚夕阳带来凉风，晚霞里人们发出庆祝战争结束时的那种欢呼，庆幸着扛过了这一天。

一夜无风，桅杆吱嘎地响。梦里一条条 Manta 鱼（蝠鲼）张着翅膀飞在水面上，水手们兴奋地大叫，船长在人们背后阴阴地说：“那是无骨夜灵！”

全环水手金兰丽和一位好朋友原本计划一起参加克利伯环球帆船赛，但好朋友的儿子突患脑部重症，她不得不放弃了自己的梦想。小家伙最爱拼插积木，病重以后乐高积木更成了他所有想象的寄托。金兰丽和她的朋友们决定每人带一块积木，替小家伙走遍全世界。过赤

带积木过赤道的金兰丽

道的时候，她举着手机等了好久，终于拍下了乐高积木0度0分0秒过赤道的瞬间。

过赤道祭祀海王仪式是西方航海文化里的大事，从渔船到潜艇都认真贯彻，老水手不打着海王的幌子玩惨菜鸟决不罢休。在普利茅斯的英国海军博物馆陈列了军舰过赤道折腾水手的道具。水手被剃掉一边眉毛，打上耳洞，抹上内容不明的物品，绑在椅子上，一拉绳子，十几米高的地方一盆混了面粉的海水倾头浇下……

三亚号第一次过赤道是第一赛段，竟然连续四天遇到大麻烦，直到抵达终点都没能举办仪式，成为所有水手的一大遗憾，也因此船上所有全程水手都不具备代表海王的资格。

媒体船员明浩因为曾经和郭川船长过了赤道，被船长指定为海王主持仪式，他当天写下了这样的日记。

我的首次赤道之旅是2016年和郭川船长一起。提前几个月，船长就一脸坏笑地冲我说：“等跨赤道的时候收拾你。”

和郭川一起的水手刘明也吓唬我：“当年我被玩得可惨啦！郭川可会玩新水手啦……”

我曾抓住所有机会和郭川沟通。

“船长，咱别搞啦，航行重要。”

“没事。反正过赤道没风，你就等着吧。”

……

“船长，巧克力抹我一身太浪费啦，留着大家吃吧。”

“没事。没打算抹那么值钱的东西到你身上，你就等着吧。”

……

“船长，人生别那么多花架子！”

“人生要有仪式感，不然将来你拿什么回忆？你就等着吧。”

……

后来我被玩得很惨，被逼着穿了比基尼，涂了一身花生酱，然后被绑在桅杆上涂红指甲，不到靠岸不许弄掉。真正动手的是曾被郭川玩得很惨的刘明，郭川船长拿着摄像机为我记录下了一切。

我的第二次跨赤道是和三亚号一起，从英国到乌拉圭。运气不好没能办仪式。

今天第三次过赤道，我成了海王。放心，我挚爱的队友们，我一定办一个让你们一辈子忘不掉的仪式。

仪式上大家欢笑一片，我贴了纸胡子戴了怪皇冠，披着国旗大热

过赤道祭祀海王仪式

天里又蹦又跳做足了戏，面糊和着海水做成的“圣水”，浇在跪下的水手头上洗涤他们的罪恶。半天下来，贴纸胡子的地方痒得很，圣水被风一吹，大半浇在了我自己身上。不知道受惩罚的到底是水手们还是我。

但我知道，过赤道的这一刻，他们和我一样会永远记得。

船长，你教我的我没忘呢。

23 岁的刘满江参加克利伯的目的之一，就是实现跨越赤道的愿望。他的日记里写道：

今天是航行的第 10 天，我们正式由南向北跨越了赤道，北纬 1 度，距离三亚的北纬 18 度越来越近了。

赤道天气是出了名的复杂，这两天我们一直不停地缩帆和换帆，经常一阵暴风雨过来，手忙脚乱做好三级缩帆，风却变小了要马上升回去。这种折腾人的情况也只有在赤道能遇到，折磨人啊。

昨晚我们遇到了起航以来最大的风浪，阵风突然吹来，最高风力达到 50 节，情况紧急！船长命令三级缩帆，风浪把船摇得像上了跳舞机，忙中出错卡住了一根缩帆绳，主帆在风浪里一通乱晃，我手里的缭绳连在帆上，像触了电的鳄鱼尾巴，玩命地甩，每一次都会从我手里挣脱几厘米。

我一边拼命拉住缭绳，一边紧张地盯着帆骨生怕有损伤。还好大家协力总算有惊无险平安度过，黑夜里也顾不上看手被缭绳磨成什么样子，第二天发现磨的位置早生了厚厚的老茧。

紧接着是赤道风浪的“洗”礼，风暴里甲板不停地上浪，海风夹着水花吹得眼睛根本睁不开。我们几个在前甲板换帆，一个大浪袭来，船头扎进水中，所有人从头湿到脚。大浪拍去了炎热夏日里的干燥，拍醒了所有的睡意，也好像是在催促着我们的动作，刺激着我的火气。

大风越狠，我心越荡！在大风大浪中，人们兴奋、紧张，能爆发出潜藏的能力。

时而平静而温柔、时而疯狂而惊险的大海：平静时你面对大海能沉静下来，思考人生的态度，想象未来的美好，沉思过去的时光；惊险时海能让你感受到刺激，继而后怕，感受到生命的珍贵——活着真好。

平静而温柔，疯狂而惊险，这或许正是我们追寻航海、执着远洋的意义吧……

2 月 14 日西方情人节，三亚号路过马里亚纳海沟，海沟深 11034 米，深不过情人的心。拍《阿凡达》和《泰坦尼克号》的大导演詹姆斯·卡梅隆曾坐潜艇，下到了这世界的最深处。纪录片里，海底漆黑一片，空无一物，水流停滞，潜水艇孤单地挥舞着机械臂，捞起海底细沙，细沙从机械手指间淌下。

说到纪录片，不禁让人想到最好的航海纪录片《深水》（*Deep Water*），讲的是人类历史上第一次单人不间断环球帆船赛的故事。影帝科林·弗斯主演过一个以同一个故事为蓝本的电影《怜悯》（*The Mercy*），电影乏善可陈，看纪录片就好。

克利伯环球帆船赛的创始人罗宾爵士就是那次比赛的冠军，九名选手中只有罗宾一人完赛，但他却不是故事主角。

九人中获胜呼声最高的是法国诗人水手伯纳德，虽然罗宾先抵达，但法国人用时更短，只要完赛冠军就归他。谁知他冲线前放弃了比赛！掉头往南重新起航开始第二圈。他给妻子的信中写道：“航海是我的修行，我在远航中找到了自己，我不能让比赛毁了修行。”他怕上了岸，一切荣誉扑面而来，好容易找到的自己可能就丢了。这么离奇的人设，故事主角也不是他。

男主角是一个假装在环球，实际上只是在大西洋兜圈子的半吊子水手，最终逼死了自己。纪录片特别值得一看，防剧透不多说，但他的故事确实是最精彩的。

人人命格不同，有些人是土命，永远属于自己的土地。有些人是浪命，对他们来说一辈子只要解过一次缆就离不开海洋了。

明浩的情人节日记里写道：

情人节，三亚号在大横风里颠簸了一整天，气象预报依旧执着地显示我们正一路顺风。

我刚接过舵，天开始下起倾盆大雨，海面上水雾随着风横来横去，眼镜上新水冲掉旧水，两眼交替着模糊、清晰。

掌舵是船上最有趣的事，风吹着33吨的船环绕地球，一定是魔法。舵手就是魔法师的助手，通过舵盘，把风和海浪翻译给船，带着好奇的人们见证奇迹。

掌舵是船上最重要的事，很多时候是唯一的事。等着换班掌舵的水手们，只是保持船稳定的秤砣。做秤砣时最适合放空，看着千变万化的海和天，想着岸上的烦心事，想累了就再掌会儿舵，如此反复，总有一天想开了或者不想了，成为一枚完美的铁石心肠的秤砣。

当秤砣不容易。今天我当秤砣的那十几个小时，四米高的浪轻易地窜上两米高的甲板，海水一遍遍从头到脚刷着我，从袖口直淌到内裤，体温稍微一烘，湿过的地方痒到坐不住，尤其是紧贴着甲板的屁股。真是折磨啊……航海服是连体背带裤，屁股的位置特别做了耐磨加厚。如果我发明一个能遥控挠屁股的内裤会不会拿到终身贡献奖？

以上就是我在这个情人节心里所想的，上个情人节后第二天，我决心来一场自我改变的旅行。一年过后，改变已经不是目的，而我从过去里逃出来，不再回去。

把人情放在脑后，此刻我只见天和海的纽带是风，人和风的情人是帆。

2018年情人节第二天，刚好是除夕。明浩在大年三十那天的日记里写道：

远航赛船不适合过年。烟花爆竹，逛街庙会，春晚小品，对酒当歌……都干不了，只剩吃饺子了。我的老家山东讲究上船饺子过年饺子出门饺子回家饺子，大事小情都要来顿饺子助兴。我其实平时很怕吃饺子，但作为一个虔诚饺子爱好者的后代，过年7天21顿饺子的成功幸存者，我不能堕了姥姥的威名！

航行快20天了，船上的新鲜菜只有洋葱，肉也没有，翻来翻去只找到了一块豆腐和一把粉丝。凑上三种料就能叫三鲜，饺子皮咋办？

在家包饺子，和面被视作决定成败的关键大事，从来轮不到我。面和水的配比，加不加鸡蛋，和好以后静置多久，各房长辈各有经验，争论不休。守岁最后一刻几百个饺子煮好上桌，一个不漏，全家举杯相庆新年到来，更像在庆祝一桌饺子的成功。晚饭散席后各自包上一大包带走，幸福地开始新的一年。

回到菲律宾海域离岸千里的三亚号厨房，洋葱豆腐粉丝馅已拌好，可面粉袋里只剩葡萄干香料面包粉。我藏的面粉被人换了，香料也就罢了，葡萄干是哪来的?!

厨房是借的，一个小时后必须还给正经值班的水手给全船做午餐，午餐是薄面饼卷罐头火腿肠。我要做饺子的事早已传开，人人期待，路过厨房都要伸头看看饺子的进度。

现在说没面也太没面儿了!

加水，加面，再加水……加个蛋，记得我妈说这样饺子更筋道……加了蛋太湿又加面……揉好抻长成一条，一捋掉了半碗葡萄干。看热闹的都惊呆了，这是什么魔法。没有擀面杖，拿保鲜膜卷擀薄了皮，把洋葱粉丝豆腐包进去，本想在最后一个饺子里放个硬币，吃到有好运，但又想到万一在太平洋上硌掉了牙可没处找牙医，最后一个放了块糖。漫漫太平洋把浪漫主义者变成了现实主义者。

包好粗一看还挺像样，细一看好几个皮上还点缀着黑黑的葡萄干。没时间了，下锅吧!

甲板开完午间会，船长一声令下：把饺子呈上来!

品尝饺子

每人领到一个，各自找好位子坐稳细细品尝。船长带头，竖了大拇指。我一尝，还真挺好吃，面包粉做皮，扎实劲道，面香十足，煮出来有一股蒸饺味……馅儿也说得过去，豆腐粉丝是口感好搭配，洋葱提前炒了半熟，带丝丝微甜，很合西方人口味。组长金柏森吃到了加糖的饺子，对我临时胡编的“吃到幸福饺，初一撒红包”完全不上当，和其他人一起连声问还有没有第二轮。

姥姥的威名保住了！

为速度而生的三亚号难逃劳碌命，大年初一从海洋竞速跑开始！

深夜 2 点，竞速跑开始。这一程的竞速跑场地设在菲律宾吕宋岛以东，起终点相隔不到 600 海里。不论先后，用时最短的取得 3 分附加分，第二名 2 分，第三名 1 分，后面的没分。

气象预报上看竞速跑航段里的风很乱，总体上对落在后面的船有利。包括三亚号在内三个领先的船队会撞上一个大风洞，风洞后跟着一个从北向南的低气压，带来持续几天的好风，把我们直吹进中国南海。

各个船队的应对策略不尽相同。三亚号取道正中，希望能用最短的距离尽量早接触到低气压强风提速。三次环球老将马特带领的 PSP 物流号选择北上，激进地争取更早接触低气压建立优势，但这样要绕很多路。青岛号选择的靠南航线，理论上最后一个才吃到风，但路线最短。天气究竟怎样，不到风最终吹起来没人知道。和老天爷斗心眼，脑力和运气都不能少。

天气预报一天四次更新，每次都有人欢喜有人忧。今早收到最新预报，导航电脑前的温蒂握拳低吼了一声：“Yes！”天气和她预料的很接近。但到晚上预报变了，风洞比原先想的要复杂。正在和风洞赛跑的我们从每小时 12 海里直降到每小时 5 海里。

“只能尽我们所能地快！风再好，船也靠水手跑。”温蒂揉着眼睛说，她这一赛段情绪一直不高，经常坐在导航台前写写画画。风洞就在眼前，狗年能否开门旺，初一到初三这三天是关键！

大年初二，风洞追上了三亚号。航线最短、领先进入竞速赛段的青岛号落在风洞正中，航线最长的 PSP 物流号向着反方向越走越远，比青岛号多走近三倍的距离，却第一个摆脱了风洞。

三亚号以逸待劳耐心等待时机，温蒂在导航台前坐了 6 个小时，像是熟练的猎手守着望远镜，等着猎物们从电子识别系统里冒出来。

6 小时一到，温蒂照例打开卫星接收赛况和天气预报。连续刷新了近十遍，收件箱空空如也。海事卫星不是特别稳定，偶尔连不上很正常。但这次不一样，连续试了 3 个小时都没反应。接近 20 个小时没合眼的温蒂火气渐渐冒了起来，眼前的本子上被烦躁的她画了一个又一个同心圆，互相套得死死的，像是三亚号周围漾起的涟漪。

温蒂用应急卫星电话打给组委会，得知整片海域信号都不好，大家都受到影响，但只有三亚号完全收不到数据。温蒂挂了电话，无奈部署道：“我们只管跑我们的！想办法让船动起来！换帆，再换帆，能走一秒也要换。”

也许这个风洞大到把所有的船都陷住了？

初三凌晨，卫星终于接通了，温蒂眼中的光彩一下子暗了。风洞远没有预想的大，青岛号已经恢复了速度，绕开了风洞的 PSP 物流号更是一举领先了接近 50 海里。忙活了几天几夜，还是没玩过老天爷。海图上经度纬度越看越像一个棋盘，这个太平洋的局，扑朔又迷离。

初四清早，大家被一连串的笑声惊醒，甲板上聊着什么“萝卜”。起来一看，阿胜和满江在船头挂了根萝卜，期待三亚号像马一样被萝卜引着往前走。难为他想得出，嘻嘻哈哈一扫清早无风的颓气。

阿胜的一天从不重样的自创早安歌开始："今天早上起得早，看到海豚小宝宝，追着三亚到处跑，喂他口面包好不好啊，好不好？……"唱完自己乐上一阵，抢着去修帆袋，嘴里叼着拆下的帆边，像是虾丞相两条长胡子。

阿胜说："你们知道吗？我航行的照片帮我交到了个新女朋友，她说我在风浪里执着勇敢的工作场面，彪悍可靠眼神坚毅，和生活里那个大话痨完全不一样。"

听到这里连忧心忡忡的温蒂也一下子笑出了声。邢唯伟过去安慰她："别烦了，三亚号要到家了！"

凌晨5点，三亚号终于在晨光中看到了母港的灯塔。大河开着摩托艇迎出了十几海里，摩托艇后座上坐着工程师格林的夫人玛丽，憋了几天的格林忍了忍，还是大叫道："有烟吗？"

下一赛段大使船员高宏的游牧虎号也来了，船上升起了一架无人机，吊着轰响的一长串鞭炮，满江的姐姐带着全家和三亚后援团乘着游艇迎了出来，船上的人拿手电照着一面横幅：欢迎满江回家。

冲线！三亚号只获得第五名，但仍以1分优势保住了积分榜第一。

满江举着国旗爬上了桅杆，四面亮起几道光柱，照亮水手的脸庞，烟花在码头上腾起，烟花下黑压压站满了人，第六站大使船员黄俊和第八站大使船员金梦妮的脸若隐若现。满江在半空中兴奋地冲着他们大叫："我们回来啦！"

温暖的欢迎，盛大的颁奖，贴心的城市游览，让所有水手在三亚就像到了家，盛大的赛事村在全程都是绝无仅有的，所有人对三亚的办赛水平都赞不绝口。

到达三亚

但家门口的冠军被 PSP 物流号拿走却让满江很不服气，特别是 PSP 物流号船长马特那张又帅又嚣张的脸，和当着三亚水手的面说的那句“你们可能是艘快乐的船，但我们比较快”真把他气到了。到了三亚，满江开始安排他离开澳大利亚后想出来的主意，组织一场三亚队港内赛。

满江和唯伟都认为，三亚号上很多水手只有大帆船经验，对电脑数据非常依赖，满江想让他们体验下小帆船，真正感受一下“御风而行”，这样对他们未来的比赛肯定有帮助。而且，赛手靠成绩说话，他如果借主场之利赢了法国人阿奔，甚至跑过温蒂，水手们肯定会格外重视他的意见，下一程他就能发挥更大的作用。

海南帆船协会特别拨出 4 条 22 尺帆船给三亚号使用。比赛前一天晚上，满江拉了一群三亚的兄弟帮忙，大家检查船，开会制定路

小帆船比赛

线，分配任务忙到了深夜2点。早晨7点，满江就又回到码头，给参赛的16个船员讲解规则和天气条件。比赛8点正式开始，满江已经忙得一头大汗。

比赛分两轮，第一轮掌舵的是温蒂船长、阿奔、满江和澳大利亚水手“小胖”。小胖24岁，从4岁开始玩船，梦想是做职业水手。他起航时机掌握得非常好，眼看要把温蒂船长挤出起航线了，温蒂突然喊了一声“Starboard！（我占先！）[①]”小胖一愣，稍稍一躲避，被老谋深算的温蒂挤出了起航线。小胖大感屈辱，一蹶不振。

第一轮，法国人阿奔第一，温蒂第二，满江垫底。第二轮满江干脆把舵手让给麦克·风，场上情况让兼作竞赛官的他太紧张，根本没法集中精神。小胖也把舵让给了大副。

第二轮大副第一，两轮相加满江垫底。但满江已经顾不上了，他拿着对讲大声安排着船队归航，进港。

在码头上所有水手都过来向满江表示了感谢。凯瑟琳夸张地说：“满江啊，看不出你很有组织能力啊。你的天气解读比竞赛组委会专家的还要好啊，你朋友说你在三亚做了好几年船长啊，啧啧啧，看不出哇……”

温蒂走过满江时乐呵呵地说：“你舵真稳啊，谢谢你！我玩得很开心。”

满江一乐，看来目的达成了。

---

① 原意是（船舶或飞机的）右舷，这里译为“我占先”是源于西洋航海中“右舷为尊”的观念。比如，航行中的船舶如果位于另一艘船舶的右舷方向，是不用改变航向的。

第五赛段第二站　三亚—青岛

第五赛段第二个分站赛三亚—青岛。起航后，第一个转向点设在三亚著名地标南海观音像前，转向后船队将绕过台湾岛驶入中国东海，穿过舟山渔场、黄海最终抵达青岛。全程 11 天，三亚号实际行程 2179 海里。

温蒂决定在这一段使用双倍积分。

这个决定可谓胆大心细。

所谓胆大：下一程中国海域商船渔船多，渔网密集，出问题的概率很大，想取得好成绩，不但要比航行技术也要比解决问题的速度。

所谓心细：

（1）按照目前天气，一路到青岛都会是迎风天，综合半段成绩，三亚号迎风天赢的概率很大。

（2）这一段 1600 海里，10 天左右，长度正好适合拼成绩，不会长到体力不支，也不会短到出了状况来不及追回来。

（3）船长觉得这个赛段团队状态不错。虽然上一段成绩不佳，但客观因素太多，成绩不能反映实力。而且队内赛让温蒂看到了水手们的实力和争胜心，她觉得机会来了。

坐拥主场，有两名中国籍大使船员加盟，三亚号这一站有得拼！

得知三亚号使用双倍积分后，PSP 物流号和西雅图号也紧急研究了各自策略。比赛至此，排名前四的船队里，只有青岛号使用过双倍积分。总冠军究竟花落谁家，殊未可知。

在三亚的日子，睡足 8 小时，神清气爽，爬起来到渔村打包些“清补凉”[①]带去船上，把外国水手们好喝得大呼小叫。

上午修修帆，洗洗船，给来访的游客描述几遍 56 节风航行的戏剧场面。中午休息一下，在码头咖啡店点杯杧果凉粉，坐在二楼看着船上彩旗飞扬。想拿起笔把眼前的美景画下来，可凉粉太好喝了。

这样闲适的生活刚成为日常，就要结束了。

没有一个船员想离开三亚。三亚像是一个永远在过节的家，安慰着疲惫的水手。狠吃，狠睡，狠喝！没人辜负三亚奉上的舒服。

俄罗斯水手迪马苦练多日的中文：“三亚号加油！”在颁奖仪式上讨了满堂彩！一招鲜，吃遍天，再接再厉在市中心酒吧成了名人，时不时有人上来找他合影留念。难怪他成天穿着队服不肯脱，生怕别人不知道他是三亚号船员。

父子船员法国人阿奔和阿胜都是好水手，爱上了三亚的海，在三亚总共停靠了 10 天，他俩合起来下了 11 天海。飞球帆，港内赛，队内赛，从大船到小船，没放过任何一个下海的机会。“不冷不热，三亚太适合玩帆船了！”

金贝莉找到了“best SPA”，“不得了！每次去按摩我都能睡着。而且价钱特别划算，听说我是从澳大利亚坐船来的还打了折。当然还有合影。”金贝莉一米八高金发女郎，爱说爱笑人见人爱。只要穿上队服，“被合影”率 100%。

金兰丽喜欢上了三亚超市：“简直能用来健身！太大了，无边无际，什么都有，而且什么都能尝！”金兰丽喜欢鱿鱼丝，每尝必买，

---

① 清补凉，在海南话中清补凉的“凉”字会读成阴上声，与用作重量单位时的两字同音，是夏天清热祛湿的老火汤。

在三亚的闲适生活

en.sanyatour.com
Sanya 三亚
en.sanyatour.com
CLIPPER
ROUND THE WORLD
GARMIN
HENRI LLOYD
DARE TO

DARE TO LEAD
unicef for every child
VISITLIVERPOOL.COM
GARMIN.
GARMIN
Bringing People Together
WELCOME TO GREAT
QINGDAO
CLIPPER
ROUND THE WORLD
17-18

CLIPPER
ROUND THE WORLD
17-18

CLIPPER
17-18
HotelPlanner.com

GBR
727X
17-18 CLIPPER ROUND THE WORLD
Sanya
en.sanyatour.com

爱不释手。超市为所有船队特别安排了配送服务，下单后肉类蔬菜在起航前一天新鲜送到。“这是我最轻松的一次购物。”10 天里金兰丽一共去了 5 次超市，三亚大使金梦妮陪了 5 次。金梦妮将在最后一站美国至英国站归队，她说：“等我上船的时候，全程水手都环球大半圈了。航行上我能帮忙的地方不多，提前学习一下买食物的路数，将来归队能发挥作用。”小妮子心细如发。

出租车司机听到“克利伯”三个字就会自然开去帆船港，拉面店的伙计看到带着红手环的水手，会指着最受欢迎的几个菜竖起大拇指。帆船港的保安在出入时会笑嘻嘻拿英语打招呼：Good luck！（祝好运！）

三亚越来越像水手的家了。汤姆·猫猫和金兰丽早已不提退出的事，三亚让他们觉得，远方好有趣啊，别急着放弃了！

3 月 4 日，三亚号正式离开母港，在南海观音的注视下开始了中国海赛段的航行。

南海风不大，船队速度稳定，三亚号保持在第一集团。刚一过台湾海峡，持续不断的狂风和海浪就来了，船速提高的同时，船也颠簸得厉害，水手们被折腾得非常疲惫。

深夜两点换班，大家刚爬出舱口，眼前漆黑一片，脑袋昏昏沉沉，被风吹了几分钟后才真的醒来。帆的边缘模模糊糊，不时有一颗闪亮的流星划过。银河两边最闪耀的是织女星和牛郎星，北斗七星和猎户星座是北半球最耀眼的星座。

“有渔网！”刚换班瞭望的阿胜在船头大喊，远光手电指着船左前 10 米的海面，光柱里一面小小的白旗迎着船头飘来。

话音未落白旗已经飘过了左舷，右舷也浮过去了一面同款的白旗。没有灯光提示，也没有电子标示，两面白旗间很可能是一张刚及水面的渔网，大家全神贯注感受着船的异动。

“准备换舷，准备降帆！”船长冲上来布置。

阿胜的手电追着左舷的渔网浮漂，从船头照到船尾，白旗一起一伏从光柱里消失了。右舷的白旗，更是如幽灵飘过，一眨眼就不见，快得让人以为眼花了。

“船速变了吗？”

“还是 10 节。”

“舵的反馈有变吗？”

“好像没变。”

“保持航向，前甲板调帆！”船长抓起对讲呼喊身后不远处的勇往直前号，“勇往直前，我是三亚，我们刚驶过一个渔网，可能会出现在你们的左前方，小心！……勇往直前，我是三亚，我们刚驶过一个渔网，可能会出现在你们的左前方，小心！……”

“勇往直前收到！”

几束手电光照着船尾的水花，看不到有东西拖着船，船速一直未变，貌似这一网没有捕到我们这条 23 米的大鱼。

船长匆匆下去导航台又上来，斜倒在中舱里，点起一支烟，“其他船没有比我们快，看来一切正常。”

船长嘬烟头很轻，每次亮起来只有一闪，她已经两天没有回床睡过了，这程比赛她打算就这样扛到最后么？

“如果真挂了渔网怎么办？”

“那就只能割破，然后想办法从另一边摆脱。”

“那渔民回来就什么也收不到了。”

“是呀，那是很惨的，渔网是他们的生活来源。如果渔网装了船只识别系统，也许能追踪到破坏渔网的船，当然如果装了识别就不会被撞坏了。还有被渔民废弃的渔网，是对海洋的巨大污染，也是对其他船只安全的巨大威胁，因此近岸航行时在船头瞭望非常重要。”

那些被抛掉的废渔网漂浮在大海中心，无声无息，直到挂在龙骨或是舵片上，才能隐约在尾浪里看见一条亮晶晶的东西，绞着些塑料浮漂。挂上废渔网船速会大受影响，船每小时慢半海里，一天下来就落后 12 海里。万一舵被废渔网缠死而改变不了方向，船就有触礁搁浅等危险。

对航行造成困扰的还有漂在海面上的垃圾，非亲眼见到不敢相信有这么多，废渔具、烟盒、包装纸……大部分是船夫故意丢下的。

丢进海洋的纸制品会在几个月内降解或被吃掉，铁盒和玻璃罐会沉到海底，30 ~ 50 年内降解或变成细沙，只有塑料能几百年不腐，哪怕被风浪撕裂搅碎，也能碎成肉眼不见的微粒影响更大的海洋。有报道说在全世界的鱼虾体内都发现了塑料微粒，甚至包括南极附近的海域。这些海洋生物最终被打捞起，用塑料包装好，被胃口越来越大的我们吞了下去。

上一届克利伯有船队停下来解救一头被废渔网缠紧的海龟，海龟拼命挣扎，使劲用嘴撕咬着纤细但杀气腾腾的透明细线，嘴角被勒得鲜血淋漓。水手们小心割开渔网，海龟一挣脱就头也不回深潜而去，后腿上缠着水手没来得及清干净的垃圾。

来想象一下：风浪里迎着落日抽一支烟，把烟屁股向着夕阳远远弹飞，一点红光接触海面时化成一股青烟，或许是水手们一天里最享受的瞬间。青烟转眼散去，美景依旧，诗意盎然。

水中一头逍遥的鲸鱼正好游过，追着虾群的大嘴，没头没脑把烟屁股吞进了胃里。和昨天吃到的塑料袋、前天吞下的凉鞋搅在一起。

鲸鱼不自知地继续在海里翻滚嬉戏，直到有一天它奇怪，为什么胃里永远是满的，却饿得头昏眼花。

帆船是最环保的远行工具之一，有很多帆船兼具科考的目的，比如 2018 年到访三亚的 Tara 号是世界上最著名的科考帆船，也是第一艘抵达南极冰盖科考的帆船。大家有空可以去看看他们的网站，https://oceans.taraexpeditions.org，那里有美丽惊人的照片和让人哑口无言的数据。

请珍惜海洋，爱护海洋。请和三亚号一起，减少使用塑料。

过了台湾岛后，气温降得很快，大家都穿上了全套重装航海服。换班掌舵的法国人阿奔发现舵盘变沉了，往船尾一看，浪花里拖着什么东西，三亚号中招挂渔网了！

标准操作是从船尾把渔网挑起来，用缆绳绑住使劲拉，争取把渔网扯断。但渔网在水深一米以下，船速太快，钩子不断被水流冲开，伸不到位。减速的话，渔线会被重物拖着往下沉，钩子更够不到。办法二是换舷，把缠渔网的一侧跷起来，将一个人用升帆索吊出去把渔网割开。

吊出船舷这种危险的技术活温蒂向来都是自己上，她换上干式航海服，穿好吊裤，小心翼翼爬出舷，拉着安全绳蹬着攀登网，站到了离开水的舵叶上。渔网挂在舵根部，她想用脚勾起渔线，试了几下没有成功，她大喊着让水手把安全绳放长，整个身子都探到了船底，用水手刀探着割渔网。阿奔小心地平衡着船，但海浪还是会偶尔顺着船底冲上来，把温蒂推得左摇右晃。温蒂谨慎地拿刀一点点挑着渔网，避免伤到船体。

终于，一团渔网被她割下来，团成一球扔回了船舱。温蒂一脸水渍爬回甲板，问阿奔："怎么样了？"

"舵正常了。"阿奔一手竖起了大拇指。

温蒂回答他："两只手掌舵。这是一艘33吨的船，没有人能一只手掌握她。"她一边说着一边下到船舱去换衣服，没到一个小时她又出来了，眼神涣散四下张望，下意识狂挠着飞舞的金发。

"为什么我们还比勇往直前号慢半节?!为什么?!还有什么问题?!"勇往直前号这一赛段一直在我们后面航行，两条船的航行条件几乎一样。

调帆没有问题！压舷没有问题！用防水相机检查了舵和龙骨，都没有异常……

"等一下，"值班组长金柏森本职工作是电视广告艺术指导，运动相机画面里，船底有一道模糊的闪光引起了他的注意，"可能是舵划出来的水迹，也可能是挂了东西。"

温蒂吊出船舷割渔网

用防水相机换个角度又拍了一次，放到电脑上一看，船下方一米半左右有两根线，从船头指向船尾，绷得紧紧的。

龙骨也挂东西了！

“至少说明我没疯！”温蒂长舒了一口气，她的三亚号怎么会无缘无故比别人慢?!

龙骨挂渔网，温蒂的解决方案是拿两根绳子拴住锚上的铁链，从船头两边放下去，沉到比龙骨深，然后拖着向后走，到了船尾提起来，挂在龙骨上的线就会被铁链带上来。

两根渔线提上来后，又扯上来足有三平方米的废渔网，白花花的渔网绞着海藻，不知在海里漂了多久。

捞上来的废渔网和海藻，太阳一晒发出鱼市场的咸鲜味儿，闻着开胃。

国外吃海鲜太贵，来回就是那么几样，大块的鳕鱼和金枪鱼，肉厚实得像牛羊肉，哪比得上带鱼和小黄花鱼鲜美。中国是吃货的天堂，捕捞和养殖全世界规模最大，近海大渔场中最出名的就是舟山渔场。

以前过年，北方效益好的工厂流行分带鱼，卡车运来的带鱼垛成小山，家长来来回回念着“舟山”，孩子们流着口水仰视，心里想着：“好浪漫啊，把鱼山叫成舟山，替水手运来了海的气息。”长大了才知道舟山是指产地舟山群岛。

放眼望去，舟山海面全是渔船！长得大同小异，青色的船身白色的舱房，虽然不是用帆航行，但每艘船顶部都漆着四个大字：一帆风顺！白天渔船都在休息，看到有帆船驶过，渔民们都跑到甲板上来打招呼。

到了夜晚，渔船挂起诱鱼灯，海上马达轰鸣，灯火辉煌。平常十几天没动静的电子海图上，现在一两百个船标包围着三亚号。这种捞法，舟山的带鱼到底有多高产？

“满江，过来看一下。”船长在导航台喊道。

对讲里，响着不容置疑的中国腔英语。“啊……CV27，CV25，请从我船尾过。”

温蒂船长和值班组长盯着导航，左前方一艘船和我们航线即将交汇，船号 ZHENG ZHONG YU，十有八九是渔船。

“怎么这么多 CV……”通话里传来另一个人的声音，说的是中文。

“这里是 CV25，请转 06 频道。”勇往直前号按规则回复。CV25 是勇往直前号的船号。三亚号船号是 CV27，Clipper Vessel 27 的简写。

“CV27，CV25，请从我船尾通过。”渔船没理会马特私聊的请求，继续在公共 16 频道上喊着。

温蒂澳大利亚味儿十足地回复：“这里是 CV27，我们是帆船，正在比赛，能否请你从我们船尾通过？”

“CV27，请从我船尾通过。”对方喊话内容没变，声音少了点坚定。温蒂船长又请求了一遍，对方却不搭腔了，导航显示他的船速和航向都没有变。不知他们听懂没有。

看着两船间逐渐缩小的距离，温蒂眉毛揪在了一起，“准备转向！准备转向！”然后把对讲递给了满江，“你试试。”

满江拿中文喊过去：“这里是 CV27，这里是 CV27，请问您说中文吗？”

“嗨！有中国人啊，怎么刚才是外国人？你们从我们后面走。”

“我们是帆船，正在比赛，转向很麻烦，能不能请您行个方便让我们先过？”

满江常年在中国海航行，知道有可能遇到渔船，早准备好了一套说辞。

那边没过几秒就回复了：“帆船啊，那我让你。”

满江准备好的一大串词：“我们是三亚号，我们正在环球，我们为国争光，骨肉相连新春快乐狗年大吉……”都没用上，对方痛快就让了！

“多谢多谢！”

“我转了，你看这样够不够。”话音刚落，显示屏上的三角箭头向右歪了十几度。

“非常感谢！我们正在进行从三亚到青岛的比赛，多谢帮忙。”

“祝你们比赛顺利！加油加油！”对讲机里传来爽朗的声音。

过了十分钟，一艘灯光闪耀的渔船从我们后方几百米开了过去。望远镜看过去，有几个身影也在向我们张望。

终点就在眼前，三亚号暂时排在第三位。回望这 10 天比赛，像是环球前半圈的“精华大合集”。从南海的无风到台湾海峡的狂风，气温从热带的 30 多摄氏度几天内降到了黄海海面的不到 10 摄氏度。

所有水手都无比期待船到青岛后的啤酒和热茶，谁知就在比赛的最后一天，发生了全程最诡异的事。

主角是 PSP 物流号。PSP 物流号在航线选择上一直很有想象力，上一站成功绕远躲掉风洞，本站选择短途航线，10 天 1922 海里的总里程比三亚号的 2179 海里少了 257 海里。所以尽管他们船速不算快，但冲线前领先三亚号达 50 海里，领先排名第二的西雅图号也超过 30 海里。

豪赌双倍积分的三亚号这一站全力以赴，激进地选择大风区，平均速度远快于其他赛队，但相对来说距离也增加了不少。在 PSP 物流号冲线前，三亚号排名第三，如果就此完赛，三亚号能拿到 20 个比赛积分，是相当不错的结果。

三亚号冲线是半夜 1 点，青岛外海一片大雾，气温只有 5 摄氏度。按照规定青岛港只能白天进港，下午 6 点后完赛的船队必须在外海等待一晚。海图上 PSP 物流号画着歪歪扭扭的航迹，在终点线附近漫无目的漂着等待。三亚号留了两个水手值班，其他人各自找地方休息。海上太冷了，水手们很快沉沉睡去。

早晨五点半，舱内一片嘈杂，唯伟被吵醒，金兰丽走过来，脸颊红红的，眼睛闪着光问：“听说了吗？我们第二名了！”

唯伟第一个反应是有人被罚分，但金兰丽激动地接着说：“PSP 没冲线！”

在离终点只差 4 海里的地方 PSP 物流号遇到了一个风洞，失去动力的他们被洋流带得偏离了航线，向西漂了 6 海里。但相隔不远的西雅图号和三亚号却完全没有受到影响，风洞完全没有出现在他们的航线上。

台风中心没有风，静止的空气团被台风带着移动。风洞是一样的道理，作为一个天气系统的高气压中心，它是可以移动的。PSP 物流号碰巧撞到了这个不到 4 海里大的风洞，被它带跑了。

PSP 物流号上彻夜无眠，海床太深，他们无法抛锚等待风洞离开。只能眼睁睁地看着西雅图号、三亚号、利物浦 2018 号、青岛号、佳明航电号依次冲线，大幅度领先了全程的他们，最后只获得第六名。

所有完赛的水手都在游艇会等待 PSP 物流号的水手上岸。马特带着水手们走进大堂时，每个人都显得惊魂未定，黑着脸，眼睛里全是血丝。PSP 物流号 56 岁的水手奈乔回忆："那是我人生中最沮丧的时刻。整个夜晚我们都在不停地尝试，但无能为力。每一艘船完成冲线对我们都像是记重击，我们完全不明白发生了什么，怎么就输了?！"

汤姆·猫猫说："这个风洞就像专为 PSP 物流号设计的一样。"

温蒂急忙阻止他：我们不笑话别人的失误！童言无忌！摸木头消灾!

说着她四下找木头，西方迷信，当说了不该说的话时会惹祸上身，但摸一下木头就能消灾。偏偏游艇会里的装饰全是金属和大理石，温蒂灵机一动，摸了摸自己头说："摸榆木脑袋也一样。"

谁知道，一语成谶，三个月后的一天，三亚在争取总冠军时，也遇到了"一条船的风洞"，那是后话了。

第五章 北望太平洋

第六赛段　青岛—西雅图

第六赛段只有一站，青岛—西雅图。起航后，船队将向南穿过黄海，绕过韩国济州岛，在日本鹿儿岛的离岛间穿过，驶入太平洋。广袤的太平洋航段全程不会看到任何陆地，距离夏威夷岛的最近距离也超过 1000 海里。船队最终沿着加拿大和美国边界驶入美国华盛顿州，抵达普吉特湾内的西雅图市。三亚号实际航行 30 天，5884 海里。这是克利伯环球帆船赛最艰难的一站。

北太平洋赛段对于媒体船员明浩来说有着复杂的意义，他加入克利伯的最大理由就是为了这一段航行。这里是郭川失踪的地方。

“我是明浩，我是冲着跨太平洋来的。”

报名时，面试官问我最想跑哪一段，我全没考虑就回答跨太平洋。原因有两个，首先，这才是我们的大洋！我看着海长大，上学放学路过，快乐忧伤都与之分享。喜欢的女孩牵了别人的手，我去海边忧伤，想象视线穿过泪眼，射中彼岸美利坚美丽金发女郎。“长大了一定去对面看看！”小时候我一定在海边狠狠发过誓。长大后才知道我只曾面朝黄海远眺韩国。

后来认识了郭川，我和船长相识的两年里，他无数次提起那些值得驾船一去的太平洋岛屿，济州岛、对马岛、塔希提、夏威夷，他给我升起的帆，永远也不会降。

这是献给郭川的诗。

如果问我故乡
是那最深最远的海洋
狂风呼啸昼夜
滔天万里巨浪
经纬画成棋盘
胜负赤道丈量
亚美大陆框出了
世间最大的赛场

千万年人来人往
她成就理想
吞噬希望
她见惯潮起潮落
没人能独占她的芳心
她属于白头仙翁
属于海豚
属于高歌的蓝鲸
而我只是一名深爱着她的水手
御风而行

星光可曾见证
水手挽起骇浪
缭绳为缰舵为镫
风越嚣张他越狂
万里纵翱翔
白帆裁开波涛

太平洋的海豚

引船手高昂
直抵天边回荡起
一曲孤帆远影狂想

这便是我家门口的海
这便是生我养我的大洋
走过所有海边，抵达所有的港

我的心，永远属于太平洋

如有一天要将我埋葬
请将我深深深深，沉进这片海洋

“最艰苦的赛段开始了。”罗宾爵士在出发动员大会上告诉所有人，“寒冷、潮湿、狂风、巨浪，没有多少人航行过这里。跨越太平洋，是完赛证明书上最耀眼的成绩。”

“太平”洋不太平。翻开英国海事出版的航海手册，12 级以上风浪的照片全出自太平洋。特别是北太平洋，世间最大的水面上，北冰洋的冷和赤道的热能造出最离奇的海况，极少有帆船挑战这里。

像所有的水域一样，太平洋也有属于自己的各种帆船纪录。单人跨越太平洋纪录的起终点目前还是美国洛杉矶和日本横滨，2016 年郭川船长试图将两端改写成旧金山和上海，最终失败，而他也消失在了太平洋。

郭川是入选中国航海名人堂的第一人，他 2012 年创造的 40 英尺单人不间断环球航行纪录，世界上年年都有职业水手试图打破，但直到七年后的今天，依然没人能挑战成功。

郭川是克利伯历史上第一位中国籍水手，他环球远航的最初发心就是从遇到罗宾爵士开始的。事实上罗宾也是郭川的支持者之一，他私下资助过郭川的不间断环球。

“我们是朋友，我乐于见到他能走得更远。他参加完克利伯后我就知道，他的地平线被拓宽了。”说这些的时候，罗宾满脸遗憾，这种理解和支持只属于这些独自完成不间断环球的勇士，凡人怕是难以真懂。

独行侠郭川激励了无数人远航，包括参加跨太平洋的三位三亚水手。我们从青岛出发前，有位青岛船友特意来到三亚号船头，郑重地交过一小瓶酒。

“请到离船长最近的地方，敬给他。”

新替换上场的三亚号大使船员是 55 岁的游牧虎号船东高宏和 25 岁的小帆船教练黄俊。有趣的是，高宏正是三十年前从西安去往美国留学，成就了自己的事业。他在起航前豪情万丈地说：改变生命的航程，再来他一场！

高宏起航日的日记写道：

终于出发了！

第一次值班是到船头瞭望渔网或其他物体，及时提醒舵手避让。站在船头，破浪前行，颇有点八面威风的豪气！

不由得想起我常常问别人也常常被朋友问的问题：Why？为什么来受这个罪？望着前方无际的大海，突然就有了绝好的答案：曾经的大航海时代，人类通过远航去发现未知的世界。今天，我们远航去发现未知的自己！

你可以一个月不洗澡不洗头，你可以在斜着的小床上不换衣服倒头酣睡，你能学会倾斜 45 度上厕所，你能习惯一日三顿莫名其妙的食物，也能习惯晚上 4 小时白天 6 小时的轮班作息时间……这些还是风平浪静的时候，再想想大风大浪暴雨暴晒对你的考验吧！相信自己，为了抵达彼岸，你都能坚持！

你也能习惯一个月没微信，你会重新学会面对面地交朋友，重新享受面对面地和真人聊天，你会面朝大海冥想，对“我是谁、我从哪里来、我往哪里去”有实实在在的回答，岸上各种各样的烦恼又会显得那么的虚无缥缈和无足轻重，你会从骨子里悟透“断舍离”。

朋友，来远航吧，去发现未知的自己！

昨天晚上 11 点，有一艘叫 Ao Hai Yu 的渔船出现在导航屏幕上，再过半小时就要和我们相遇。温蒂有了上一站三亚大使船员满江用中文让渔船让路的经验，早早就让高宏在导航台准备好。

黄海的渔船和舟山的不一样，黄海的渔船爱聊天。

“怎么那么多叫 CV 的船？”

“Ao Hai Yu，Ao Hai Yu，这里是 CV27，这里是 CV27。”高宏抓

了个空插进话去。

“CV27，这是 Ao Hai Yu，请讲。你在我的航线上，避让一下好吧？”

高宏按照标准流程回复，“这里是 CV27，这里是 CV27，请转 06 频道。”

远洋时大家的对讲机都保持在 16 公共频道，如果需要私下与某条船沟通就约别的频道私聊。

Ao Hai Yu 还没回话，已经有渔船插话进来，“这样不好吧，私聊多尴尬，有事大家都听着。”

“我们是帆船，正在进行跨太平洋比赛。从青岛出发去西雅图，请您给予避让，谢谢。”高宏是游牧虎号船主，老水手套路多，国际惯例马上转当地法则。

“比赛啊，CV 都是你们的吗？几艘船啊？”

“我们有 11 艘船，CV27 是三亚号，CV29 是青岛号。”

“两艘中国船啊，祝你们一帆风顺！”

这一下子通话里更热闹了。

“两艘中国的不是很领先啊。”

“怎么都是英国籍的船？”

“比赛主办方是哪的船就是哪的，这你都不懂。”

“这速度中国到美国要一个月吧？”

……

聊天密到插不进去嘴。Ao Hai Yu 航向没变，改航线的呼叫不知收到没有。急三火四的温蒂已经布置准备转向避让。终于，高宏逮到机会又呼叫了一次。

“Ao Hai Yu，Ao Hai Yu，这里是 CV27，我们是比赛中的帆船，很难改航线，请您从我们船尾过，谢谢。”

“Ao Hai Yu 你怎么回事！中国的船快给人家让路。”

“中国船在为国争光！你不要挡路好不好啊！”

“Ao Hai Yu 听到没有？谁离他近的照他一下。”

七嘴八舌的，难为 Ao Hai Yu 找到机会插进去话回复了我们，答应了避让。

高宏回答了渔船们关于三亚号和克利伯环球帆船赛的所有问题后，带着祝福去睡觉了。但，渔民们聊天还没结束……

“把两艘中国船让过去，其他的船该挡挡啊！”

“CV27 和 CV29 是中国的。”

“你怎么知道其他船没中国人。”

“笨！有中国人会拿中文叫我们的。”

“CV27，CV27，我也去西雅图，你靠过来，我拖你过去吧。”

……

已经 5 天了，所有 11 艘赛船还在中国东海，没风，船一动不动，这样下去抵达西雅图至少要推迟 3 天。

5 点半的清晨，太阳带着欢呼升起，天从靛青变成深蓝，海从铅灰变成橘红。像是个硕大的蜡烛扎在海上，太阳的倒影是烛芯，太阳是烛焰。

手机的自动色彩功能不停自我调整着，屏幕里的海面忽蓝忽紫。真实世界无路可走的无奈，在手机里被数字化得无比绚烂。

太阳越升越高，整个天空都被点亮。可风还是不来，远近依稀显出五艘船！风洞把我们吸在了一起，远处的海倒映着天上的云，分不清哪个是天哪个是海。近处的海像一面镜子，把船的倒影都印在上面。

PSP 物流号离得最近，船长让人把防撞垫拿到甲板上待命。没有风，往哪漂全看命。

风洞中的无聊

和 PSP 物流号交错的瞬间，汤姆·猫猫拿出小音箱，大放三亚号队歌，大家像在领奖台上一样跳起舞来。英国姑娘爱儿和比利时女孩玛丽跳得最欢，她们跟着汤姆的音乐大跳摇头舞，然后温蒂船长和女医生安妮也扭动着加了进来，救生衣随着她们的旋转和欢呼左右甩动。PSP 物流号上站着一排严肃的男人，有一两个冲扭动的姑娘们转头笑了笑，剩下的人完全无视猫猫的挑衅，一条船沉默地漂远了。

两艘日本小渔船，远远绕着我们加速躲开。“如果是中国船肯定招手打个招呼。”温蒂船长跟着音乐扭动起来，所有的女生围在她身边狂扭着。

风终于刮起来了，这一回是来自白令海的冷风。

陆地消失，远处叠浪高耸，越涨越高，高过离水两米的船头，浪尖白沫向前卷着。三亚号被前浪轻巧抬起，后浪钻到船底把船身抬高，33 吨庞然大物慢动作一样飞了起来，人感到失重，心和胃都上提，身边的声音都消失不闻。

“乓”的一下重重摔下，船身砍出巨大的水花，转眼被浪推散，不留痕迹。舱内兀自锅碗瓢盆惊天动地。

大使船员黄俊牙咬得紧紧的，被连摔了几下，满眼都是求生意志，把自己蜷缩成弹簧，保护着即将散黄的脑仁。

我刚听说自己被分到北太平洋的时候还很担心，这是世界上最难的航段之一，上一届克利伯这条赛段有两个人在这里遇难。但很快我就开始兴奋，我觉得人生就是要挑战自己的舒适区，找机会做自己想不到的事情。

真到了这里我的想法更多，我没有申请网络，未来的一个月就只有我和不熟悉的队友们，这将是非常难得的体验。我很羡慕工程师格林，所以也请朋友寄来了很多信和贺卡让我带在路上慢慢看。其中有一篇写道：“不要害怕风暴，勇敢面对它。风暴就像三文鱼沾的芥末，能让你通透。”希望航行结束我能更通透一点。

黄俊结束赛段后写道：我通透了，冻透的。

身后的日本鹿儿岛火山上飘散开蒸汽，像是被太阳点燃，慢慢烧尽在天边，从此无路可退。

黄俊在太平洋上度过了自己的 26 岁生日。

3 月 15 日晚上 9 点半，距离 10 点值班还差半小时，距离 26 岁生日还差两个半小时。

我被值班的水手叫醒，爬起来后略带兴奋地顺着床边缘摸到了一个密封袋，里面珍藏着我五双羊毛袜。我掏出了其中一双套在脚上，感觉自己重获新生：今天换第一双新袜子！你可知道一双袜子在同一双靴子里穿六天能散发怎样一种令人窒息的味道，那是一种只有消毒水可以与之抗衡的魔力！可我不得不省着用，毕竟我只有六双袜子，要挺过去三十天……

手机昨天忽然报废，大概是因为船舱里潮气太重。如果是在岸上，我肯定高高兴兴去买个新的，可是，我在太平洋中间啊！手机里面有出发前亲姨写给我的生日信，内容本来留做惊喜，如今全然不知。这遗憾，补不了了。

从晚上10点到深夜2点，在甲板上值班，风很小，天气出奇暖和，想想穿在靴子里面的袜子，心想可不能第一天就穿出味道来，于是，我脱掉靴子，穿着袜子在甲板上值班，内心窃喜，又可以多穿一天啦！哈哈哈！

生日这一天突然有了愿望，想在50岁开着帆船环球，因为只有环球的水手才能真正体会到风浪之间肌肉和理智的较量吧。

不过转眼一想，如果想50岁环球，我得先让我的小孩有独立能力，假设他/她22岁大学毕业，我岂不是明年就需要结婚了？内心快速过了一遍，我觉得我可能要放弃这个念想了……不要问我哪个念想，我还没想好该放弃哪个。

深夜2点值班结束，一顿脱衣服后，安妮突然过来抱住我说：Happy birthday！那拥抱的质感，就好像她刚在火星上看到了一个地球人般。

一早起来，生日男孩就收到了各种祝福，吃早饭的时候，我们组九个人先给我唱了生日歌。9点半我换做厨房值日生“妈妈班”，吃中饭的时候，海面起风，帆船倾斜25度，大家坐在甲板上，迎着风，排排坐，再一次唱起生日歌，那一刻，突然觉得，生活美好得难以相信。

这一天有太多的第一次。第一次过26岁的生日，第一次在太平洋上过生日，第一次给全船22人做中饭和晚饭、刷22人的盘子，第一次做蛋糕和面包，第一次收到写满祝福的生日贺卡……可惜不是在过国际日期变更线那天过生日，不然今天变回昨天，今天庆祝完明天又能再庆祝一遍。

预报明天起风，40节，大概八九级的风力吧，不说了，我吃晕船药去了。

大洋铺开，无遮无挡。身后太阳落下，点燃最后一片陆地。无路可退。

日落带来心里一阵躁，这是去哪儿？多久能到？

狂躁。

前方浪来处，天际线还是刚愎一条，任你来船千艘，我自岿然不动。太平洋太大了，只管想去，蝴蝶振翅造成飓风的混沌妄想，也只敢往太平洋这栽。

太平洋的风专治狂躁

西雅图的“西”征路，这只是开头，离北纬45度禁区还远着呢。禁区以内，会有浮冰。

太平洋的风，专治狂躁。

太平洋的风带来的激情点燃了大使船员们的诗情，连续30天和寒冷、颠簸、潮湿、困顿做斗争的日子给高宏和黄俊带来的影响，从他们的日记里能看得到。

高宏是三亚游牧虎号的船主，航行经验丰富。他在太平洋的风暴中写下了自己全新的航海感受：

大风大浪还好，寒冷加潮湿最难熬。舱内外温差开始变大，水汽慢慢在舱壁上冷凝，半夜醒来一头雾水，不知身在何处。寒冷失温是大忌。冷了就非常容易晕船，晕船了就会呕吐还吃不下饭，人就虚弱，虚弱了更会晕船，恶性循环。

原本满满的储物格基本空了，衣服都穿在了身上。我把四条不同材质的“秋裤”一条条穿上，再套上防水袜、护膝和坐垫，再一件件地穿上五件“秋衣”，然后再把“干衣”穿在外面。层层叠叠的衣服套在一起让人既笨重又烦躁。经常见到水手被厚衣服架住胳膊，怎么也够不着拉链头，急得手拼命往背后抓，脚下转圈，像是小狗追咬自己的尾巴。

对了，还有“暖宝宝”，我现在已是鞋里放着脚宝宝，胸前贴着胸宝宝，手里攥着手宝宝。这样一身穿戴下来，即便顺利也要半个小时。一套衣服穿完，耗掉一半体力。但千万不能穿太慢，不然换班水手开始下舱，舱里会更加拥挤，脱衣服的和穿衣服的挤在一起，各自和航海服较劲。套头式航海服，总能出现这样一幕：好容易把头从领

高宏

子里退进衣服，却发现手腕没解开，人像个没头鸡一样挥舞双臂，别人不知道舞动的人是要把头重新伸出来还是摸索着解开手腕，只好默默让开任其折腾一阵儿，然后开始各自的舞动。

最难受的是手！我买了各种手套，结果都不能挡住海水，湿了以后的手套冰冷地贴在手上，手指马上冻得僵硬。多亏黄俊托人从英国买了北方渔民用的橡胶手套，我和他轮着用。但一工作手上会出湿气，停下来还是会冻，冻麻了就把手放在脸上暖暖，实在不行就把指头一个个放在口里含一含！

即使穿成这样，在甲板上待一会儿就冻透了，所以值班时分成两个组，每组轮流，半小时工作，半小时在船舱里保暖待命。

终于熬到下班，手忙脚乱脱衣服，排队上厕所，一门心思马上回到睡袋里。我带的羽绒睡袋很快就吸湿变得冰冷，完全用不了。还好我和黄俊不是一个班，他睡醒就把他的远洋抓绒睡袋给我。带着他的体温和十天没洗澡的难以形容的味道。我们同舟共济的交情是睡一个被窝建立的。

袜子和手套都要脱下来压在身下，用体温烘着，这样等下再穿就不会太凉。温蒂严格强调不准穿袜子睡觉，细菌容易在潮湿的袜子里繁殖。之前就曾发生过水手脚受伤，穿着袜子几天没脱，最后严重感染，导致截肢的惨剧。

常常是刚把睡袋焐热，负责换班叫醒的水手就来催命。深夜2点的水手，眼神里只有床。口气像甲板一样冰冷："快起来快起来！到点了！"而我们游牧虎号在航行的时候，叫人起床的口气是这样的：起床啦，外面星星好漂亮啊……

这时候真想念阳光灿烂的三亚啊！

黄俊有一篇文章描写寒冷的白天。

航行至此，从难受到适应。我原来有多弱都不记得了，感觉我本来就是这么强悍的！以后不论遇见什么困难，想想北太平洋的风浪就不怕了。

可以这样形容航行在北太平洋：第一步把人扔进滚筒式洗衣机，第二步注入半桶冰水，第三步开始翻滚。

越往北越冷，夜晚星月不见，海浪里凄亮荧光如雪，浪花在航海服上凝而不散。手脚都消失了，只有眼睛还正常工作。

脚一夜没暖过来，抱在怀里的袜子被体温烘干。躺在吊床上，脸上方一巴掌远的甲板上凝了一串水珠，在夜灯里闪着红光，船一震就掉下几滴砸在脸上。砸了几次我也没决心起床，憋着尿躺着，心里发明出了"吊床小便系统"，需要一个大口的矿泉水瓶。

25天没洗的皮肤被包了一夜，产生的气味很难形容。拉开睡袋拉链，一片红雾发散出来，能把我顶下床。站在地上的众人，被不同颜色的雾气包着。赤脚站在地上，脚马上就冰得麻木，恨不得马上钻回烟雾缭绕的被窝，手里的袜子不到一秒就受潮了。

凌晨4点天已经开始发亮，日出只有若隐若现一丝暗暗的橙色。但足以看清海浪在变大，涌上甲板。最初如调皮女孩用手捧水扬到你脸上，然后改成了用勺，用水桶，用水缸，用消防栓。

冰水顺着我的袖口和领口渗进去，衣服不知道湿了几层，没有任

黄俊

何能换的了，只能等体温慢慢把它们烘干。突然余光中白色的浪高出甲板近三米，不到一秒后，从头顶砸下来，从后背冲过来，把我全部包围，感觉整个甲板都被水覆盖，仿佛被浸入大海。长达四五秒的混沌，眼睛被浪打花。

我看着横杆高悬在天空
仿佛达摩克利斯之剑
仿佛刽子手的屠刀
一半已砍落在我的头上

继大河和满江后，远洋又把一个少年变成了诗人。

亲爱的读者，当你看尽这些艰苦，更奇怪这些人为什么要这么折腾自己？那下面就给你拉开帷幕，露出北太平洋的美好真相之一：30

太平洋的风和浪

节顺风，5 米浪，大滑浪！

球帆飞舞，舵手、滑轨、斜拉器、四名绞盘手，七个人全神贯注。舵手麦克·风坚持不带手套，他不停把麻木的手指含进嘴里，“还会更冷的，我要锻炼自己的手，如果现在它们就撑不下来，也撑不过后面的海洋。”

成吨的海水推着船，麦克·风盯着船头，偶尔斜眼瞥一眼罗盘，身体感受着龙骨翘起来的幅度，全身体重压在舵盘上对抗着。突然他抓住一个浪，风从侧后吹过他的耳际，从脖子冷到臀底，浑身一抖的工夫，巨浪把船尾抬起，船前是 5 米深的浪谷，船一头冲下。

抓着球缭，紧盯球帆的缭手向后猛一仰，双臂拉直，冻红的脸上肌肉狰得发白，扯开嘴角龇出牙，大喊：

“摇！”

风中站着的绞盘手闻声而动，面对面站着的四个人一起搅动摇把，脸贴着脸，节奏一致，甩肩扭胯，冰冷的绞盘发出雷鸣般的响声。

船“刷”地滑出去。水被劈开，发出冷水浇进热油里的炸裂声，越炸越快，连成一串啸，混杂着甲板上水手的兴奋乱叫。风、船、浪合为了一体。风中有船，浪中有船。

后浪终于超到了船前，鼓起余力击在船舷上，溅起漫天水花，把水手砸得东倒西歪，舵手抓紧舵一埋头躲过，抬头时一声大吼，“25 节！”

“吼吼！”晃得东倒西歪的水手们跟着喊了起来，冰凉的海水淌过他们的脸！远涉重洋，为的就是这一晃！这是 33 吨的冲浪板在太平洋中心的冲浪！

和辛苦的水手们一样，航行了大半个地球的三亚号大帆船也已经很疲劳了，时不时地，她开始闹点小脾气。

早晨 7 点半突然听见阿胜大喊：“温蒂！引擎室冒烟啦！”引擎室里发电机正在给蓄电池充电。

温蒂跳下床，关了发电机，马达声停了，温蒂大喊着：“所有人去休息区，拿着救生衣！马上！”声音大得惊人，每个角落都嗡嗡回音。

平时折腾半天才能爬上爬下的吊床一个翻身就都下来了，各自抓起床头的救生衣往饭厅跑。被惊醒的爱儿穿着秋衣秋裤一口气跑到了甲板上，在风中跺脚站着。平时嘻嘻哈哈的汤姆·猫猫一边厉声叫住她，“不要慌张！”一边迅速抓住楼梯下的干粉灭火阀，他只要一扭就能让引擎室被干粉覆盖。温蒂看到一声大叫：“不要！”大家被吓了一跳。

汤姆的手仍然抓着灭火阀，镇定地看着温蒂说：“我知道拉开就不能用引擎了，我只是准备着。”温蒂稍一定神，大喊道：“格林。”

排气扇运行正常，能看到浓烟顺着烟道被抽往船外。在甲板上值班的工程师格林来到引擎室门口，阿胜拎起最近的灭火器，麦克·风拿着厨房灭火毯跟在格林后面。

温蒂紧张地摸了下引擎室壁和门把手说："温度不高，都不要妄动，等格林判断再说。"

格林在引擎室门口稍停了一下，小心翼翼打开了引擎室门。门一打开，烧橡胶的味道散了一船。引擎室里的烟并不多，没有火苗。

格林后来说：柴油燃点极高不易引燃，何况北太平洋这么冷，他并不担心起火。烟的气味是橡胶煳味，他一开始就怀疑是传动皮带磨损。

"发电机轴坏了，导致皮带烧了。后面只能用马达发电了。"格林检查完后说。

"马达充电功率太低，所有人每天只能在开马达的时候插手机充电。"温蒂说。

"开马达多烧油咱们还能走快一点。"汤姆·猫猫恢复了嘻嘻哈哈的样子。

"好主意，我觉得汤姆说得对。"从甲板下来的爱儿站在汤姆后面说。她鼻尖和脸颊通红，不知是刚刚被汤姆吼的还是甲板上冻的。

温蒂瞥了一眼怪怪的爱儿，说："柴油要留作应急使用，不能浪费。刚才大家处理得很好！要不我们升球帆吧，哪怕一个小时也值！天气好像挺合适，中午吃饭咱们回顾一下今早的事。"温蒂说完就去做航行记录了。

三亚号行驶到北纬 45 度，非常冷，夜晚只有零下 2 摄氏度，听说 100 海里外的勇往直前号上下雪了。风浪越来越大，卫星传来的其他船长日记里充满了惊心动魄的情节。西雅图号遇到了瞬时 100 节的狂风，PSP 物流号撞到 10 米巨浪，左舷舵盘挡浪钢架被打歪，只能锯掉。钢架由 10 厘米粗的铝合金管焊成，要成吨的力量才能让它变形。被锯掉的还有架子上的航行数据屏，下半赛段 PSP 物流号如果必须要在左舷掌舵，舵手只能完全暴露在冷风里靠罗盘来导航。

青岛号的小球帆缠在了桅杆上，他们把水手升到了桅杆顶端用了半个小时才把破损的球帆解下来。这样的风浪这样的温度，甲板上已经晃得人仰马翻，冷得手脚冰凉，在桅杆顶工作何等困难！为青岛号的水手喊声好！

“大家故事真多啊，我们怎么遇不到这么多麻烦？”俄罗斯水手迪马一直抱怨难度低，“我花了那么多时间是来见识不一样的世界。风浪越大我心越荡！”

温蒂瞥了他一眼：“这站我们的策略是安全第一！别急，在这片海上谁都躲不掉风浪。”

导航屏幕上一个红色的大风团慢慢追上了我们，三亚号换了最结实最小号的前帆。身后天色诡异，乌黑的天开了一个四方的孔，阳光洒下，照亮一面如山巨浪，滚着光压来。

船速骤然升高，20 节，25 节，前方海被劈开，像两支高压水枪冲着甲板。掌舵的迪马兴奋地喊：27 节啦！

舵上的力量越来越大，迪马试图向下风偏转降低船速，但平时灵敏的赛船没有丝毫反应，迪马再加大力度，舵突然一轻，巨浪把船推歪了几十度，船速更快，船头自己转起来，浪把所有水手逼得缩在中舱抬不起头，迪马慌了神，声嘶力竭地喊：“松斜拉器！小心！”右舷受风瞬间变成了左舷受风，原本翘在半空的右舷转眼没在水里。迪马一句话没喊完被一个浪打了个踉跄，嘴里灌了一大口海水。

“啪”一声！两根保护索在最后关头绷紧，死死拉住了主帆。

前后一切都发生在十几秒钟的时间里。像三亚号这种大船，真要失控的话，6 米长的横杆半秒钟内能从左到右横扫超过 100 度，带着十几吨的力量。保护索是最后的保护手段，两根一指粗的保护索，核心纤维比同等重量的钢筋强度大 15 倍，两根同时作用，足以拉起 40 吨重量。

主帆被制，狂风向右巨浪向左，又把船推回到正常的姿态。大家舒了口气，船长钻出来，疑惑地问："发生什么了？"

不等有人回话，迪马又大喊起来："舵盘失效！"

"用另一个舵盘！"船长大喊。

久经战阵的新西兰医生刀客大卫，闻声沿着甲板一个侧滑到了下风舵旁，一把稳住船，"这边舵盘正常。"

船长几下爬到船尾，略一检查叫道："工程师格林！拿扳手榔头。"连接两个舵盘的链条脱轨了。

晚饭船长总结："大风天这种事很正常，不是任何人的错。关键是我们提前缩帆，绑好了保护索，未雨绸缪才万无一失……好啦，说点好玩的吧，家属团发邮件，说你们从头到脚都穿成一样，在照片里认不清，要求每个人戴不一样颜色的手套……"

看热闹不嫌事大的家属们，送你一百副手套自己来试试北太平洋可好?!

媒体船员明浩曾是郭川团队成员，是郭川最后时光的见证者之一。北太平洋对于他来说有着不一样的意义。这是他 4 月 12 日的水手日记。

我到甲板下写航海日志，坐标，西经 166 度，离郭川船长失踪的

遇到大风团（一）

遇到大风团（二）

位置最近。

青岛临出发前，友人在船前郑重地把一个小包递给我，那是她托我祭奠船长的酒。

中午的太平洋，甲板上坐着整个班疲劳的水手。我计划迅速完成心愿，不想惊动大家。船尾，高过船身几倍的浪让船左摇右晃，舵手提醒我挂好安全绳。我站不稳脚，只好双腿跪下，勉强稳住上身。跪下的一瞬间，眼泪跟着流了下来。我不知道为了什么流泪，但心里就是有一股憋屈遏制不住涌出来。

一片空白，停了好久，一个念头突然升起，我脱口大喊：

“船长！”

“船长！”高宏大哥早知道我的计划，在我身后喊道。

“来看你了！”

猛地拉开易拉罐，金黄色的酒刚一倒出就被风吹散，风中一股浓浓的酒气一闪即逝。我一把攥扁了空酒罐，拉下墨镜待了好一会儿才能转过身去。高宏紧紧握了我的手，我不敢看他的眼睛。

来到这里，就是要看一眼是怎样的海把船长埋葬。郭川配得上北太平洋！

郭川寻找了很久，才找到能耗掉他所有精力的帆船，和能盛下他所有想象的远航。更从这项事业里找到了解放自我的天空和尊重自由的大海。他不仅让我看到了航海运动的美妙，更教导我享受命运的赐予，尊重每一个想象，努力修炼，等待下一个挑战。

帆船能漂多远我不知道，但开阔了的视野永远也合不上了。

借用一句悉尼—霍巴特大海难后纪念落水水手的话：愿你在那边床铺永远干燥，不用半夜起来缩帆。

想念您，我的船长。

顺风改逆风，推了船几天的大浪转到船前，像山一样不停地砸下来，船被举起后不再是顺着滑下，而是重重砸向浪底。甲板不时被海水淹没，人们缩在航海服里，牙齿咬紧，默默忍受着每一次失重飞起后胃里的翻江倒海。这可苦了做饭的水手，东西震得到处都是，洋葱切一个撒一半。还好除了俄罗斯人迪马，没人有胃口吃太多。

吊床挨着只有几厘米厚的玻璃钢舱壁，吸了湿的床垫拧得出水，没有装饰的墙面光秃秃的，挨在上面像冬天睡在水泥地上。这样的环境里，什么欲望都没了。

汤姆·猫猫和爱儿两个人最近形影不离，大冷的天，他俩下班后不睡觉坚持坐在休息区谈情说爱，偶尔一个大浪，颠出一两声尖叫。“为了帮助压舵，我俩决定以后挤在一张铺上，能最大限度使用自己的重量。”汤姆·猫猫向大家宣布他的决定，但其实是说给爱儿听的。爱儿红了脸蛋儿：“噢，猫猫。”

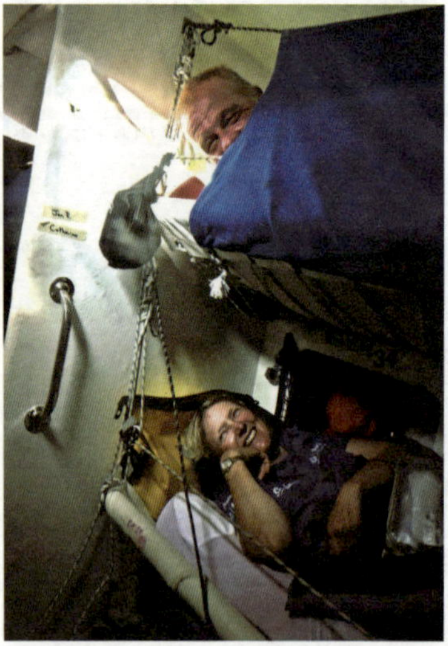

共用床铺

这只是汤姆·猫猫的美好梦想，下铺还算好，离地近，上下方便，上铺离地 1.7 米，风浪大的时候想成功爬上去都需要点功夫和运气。一只脚踩住下铺床沿，两手抓住上铺床架，猛一用力，另一只脚顺势抬高，蹬住身后的墙。运气好的话蹬墙上的脚一用力就能窜上床，运气不好船一晃就会打滑摔下来。

上了床把布围挡拉紧，吊床就变成了一个安全的“棺材间”，鼻尖离天花板不到十厘米，睡一个人都难。布围挡是天蓝色厚棉布做成，用来保护水手不会睡到一半摔在地上。在被窝里偷吃零食或者流鼻涕时也用来擦手抹嘴，半年下来布上沾满了各种东西，硬邦邦的像毡子。

40 节的迎风，船一转向，倾斜角度从左斜 45 度改到右斜 45 度。熟睡的人被甩到墙上，或被甩进布围挡，必须要重新调整绳索才能把吊床放平。全程水手如汤姆早练就了半睡半醒调整吊床角度，再迅速睡回去的高超技艺。

汤姆真的挤上过爱儿的床，没拉上布围挡就在大家的笑声中摔了下来。

狭窄的床

克利伯在北太平洋中间画了一条冰山禁区线，西经 145 度以西不允许在北纬 45 度以上航行。等到出了禁区，离北纬 47 度的西雅图正好还有 1000 海里。

三亚号决定在这个时候开启隐身模式！竞赛规则允许赛队在每一个赛段里自主选择 24 小时，关掉 AIS（船舶自动识别系统），和大家玩海上躲猫猫。

隐身时机的选择很有学问，运用得好能有奇效。比如三亚号现在领先，我们在刚刚解除禁区时突然隐身，会让身边的对手摸不着头脑，不知道我们是否找到了更好的航线。

在给岸队的信中汤姆·猫猫写道：“因为北冰洋这么近，我们决定偷着去看看。两天两夜就回来了，亲友们不要担心。千万别告诉竞赛官那帮人，我们要做克利伯史上第一支航遍四大洋的船队！一定要说服其他队都跟上，机会难得，西雅图不用急着去。”

爱儿说：“没准儿就有船队中了我们声东击西的妙计了呢？海洋躲猫猫，猫猫你的主意可真棒！”

汤姆猫猫十几天没刮的细软黄胡子里露出白牙，高兴地继续写道：“看！我们今早遇到了第一组冰山，洁白细腻，剔透无瑕，在太阳下发出蓝莹莹的光，有图有真相！”他把自己 PS 好的照片贴在了邮件里。

“快去告诉其他船一定要来北冰洋，不见不散……”

开启隐身模式，需要提前 24 小时通知组委会。三亚号隐身后，Unicef 号和青岛号不到 6 小时也都隐身了。看来大家打的主意都差不多，前方天气情况复杂，躲在暗处看清对手行动是很聪明的举动。

三条船里，青岛号所在的北航线风更好。三亚号和 Unicef 号一起在南线，航线更短但前方有一个风洞正在缓缓形成，肯定会影响速度。温蒂说：“Unicef 号既然隐身，一定是改航向，向北去抢风，这样要多走很多路。而且气象预报风洞会由南向北移动，风险太大。我们不理他们，坚持目前的航线，如果真的有风洞，我们先遇到也会先摆脱，仍然对我们有利。”

一夜捕风捉影。早晨醒来，左舷远处影影绰绰有个船影，望远镜看过去，大小和我们差不多，但导航电脑上并不显示。不用说，肯定是 Unicef 号，原来他们并没有改航线，进入隐身完全是放给三亚号的烟幕弹。

汤姆·猫猫一声惨叫：“他们发现我们了，知道我们并没有去北冰洋……”

躲猫猫没玩好，两艘船只好像场地赛一样左闪右让，争取在遇到风洞之前追上领先的青岛号。

狂风和巨浪都没有风洞可怕。

水手如果被风浪颠醒，只会骂一句转身睡着，但如果美美地一觉醒来，发现船平稳得像个摇篮，则会吓得心惊胆战。不论多大的领先都能被风洞毁掉，最惨烈的记忆是第三赛段，三亚号领先第二名200海里被反超成第六名，第五赛段PSP物流号最后4海里遇到风洞，被反超成第六名。好像风洞就喜欢在最后时刻给水手的神经来个暴击。

所以即便青岛号稳稳地在前方30海里，三亚号和Unicef号也并没有太紧张。两艘船的水手们想着：风洞会把我们拉回同一起跑线的。

风洞如约而至，“第六赛段第五次起航正式开始！”汤姆·猫猫逗着乐，但除了爱儿外没人有回应。

因为船上断炊了。

离终点线还有400海里，液化气管漏气，把最后的一罐液化气漏得一点也不剩。发电机早就坏了，用电水壶根本就不可能。舱外0摄氏度，没有热茶喝，全船的英国人、中国人都颓了。

还好是从中国起航的赛段，船上买了足够的方便面。工程师格林出了个主意，用冷水泡发方便面，搁到打着的引擎上焐热。二十多分钟后，一大桶面勉强焐到了20摄氏度，捞出来伴上酱油和碎芝士，糊糊的一碗还真不难吃，吃得大家心满意足。

没有真的经历过，谁会相信5500海里的北跨太平洋之路，是靠三碗冷水泡面撑完的！

最后的冲线出乎温蒂的预料，青岛号居然躲过了风洞，而最后的30海里，第二名三亚号成为被追逐的猎物，后面的船像扇子一样围上来。有追兵围捕，温蒂精神来了，转向追风不再犹豫，始终压制着Unicef号完成了最后的冲刺。

比赛结束后Unicef号靠过来，我们以为是来祝贺，谁知他们喊道："听说你们没液化气了！给你们送吃的和热水来了！"

在0摄氏度的大风浪中较劲了30天的对手，转眼就是雪中送炭的亲人！我们幸福地接过大饭锅，兴奋地打开一看：一大锅芝士意大利面……和格林用引擎焐出来的一样。

经历30天5900海里的航行，三亚号抵达了西雅图，在青岛至西雅图的第六赛段获得亚军。颁奖典礼在著名的码头酒吧Ivar's（伊娃家）举行，本站第二名三亚号和第一名青岛号的大使船员们一起上台合影，两队一起举起了五星红旗。

"小心点，我们追上来了！"青岛号的加拿大环球水手托马斯笑嘻嘻地凑过来说。本站结束后青岛号的总积分离三亚的109分只差7分。比赛还剩四站。

"知道了。不过我们更在乎西雅图号什么时候用双倍积分……"值班组长金柏森阴阴地反击着挑衅。

颁完奖的领奖台被舞动的水手们占据了，其中最显眼的是温蒂带队的三亚女生团，舞蹈狂放如北大洋的风。

这一站西雅图号成绩不佳，只拿到第八名，总分94分，和三亚号的差距拉大到15分，不过他们尚未使用双倍积分权，如果战术得当，完全有机会追上三亚号。

舞罢的温蒂一身大汗，官方记者凑过来问："下一站三亚号打算怎么跑？"温蒂笑嘻嘻地说："我们只需要跑自己的……压制青岛号，同时压制西雅图号。"这种同时迷惑敌我双方的回答让所有人都疑惑：到底要不要跑自己的？到底压制谁？

环球中的三亚号大帆船背后，还有一支岸队一站站追遍了全球，他们带着三亚的城市推广资料、三亚特色礼物向每个港口的好奇民众介绍着三亚的美好。

船队在西雅图贝尔港停留了十天，三亚组委会的活动安排了一场又一场。总分第一的三亚号再次承担公众开放日，几百名游客排队参观了赛船，高宏作为导游介绍得口干舌燥。港口到处都飞舞着三亚号赠送给来访者的五星红旗。

三亚组委会代表李蒙与当地西岭小学协调、共同策划举办了一场三亚号航海主题小课堂。大使船员黄俊带去了重装航海服和缆绳让小朋友们真切感受帆船。

现任市议员李瑞麟先生是西雅图大区贝尔优城前市长，也是美国西北区首位华人市长，得知三亚号载誉而来，他非常高兴。他专程到驻地看望三亚号大使船员，连声称赞：“三亚号乃全体华人之光！”

追了大半个地球，三亚组委会早就憋着在西雅图放大招。西雅图旅游局和三亚组委会一样，是西雅图号的组织方，两支队伍同为女船长领衔，都是夺冠大热门，打响了两个城市的帆船口号。两个组委会就约好在下赛季继续互粉，加深交流合作。但西雅图号因为手握双倍积分权对三亚号的威胁最大，三亚组委会代表李蒙、陈星远隔重洋找上门送去三亚号船模，颇有点下战书的味道。

凤舞西雅图

三亚号走进西雅图当地小学 Westhill Elementary School（西岭小学），分享航海故事，推介美丽三亚

西雅图旅游局国际旅游部副总裁 John Boesche（约翰·伯施）与三亚代表在华盛顿州会议中心进行友好会谈

美国西雅图大区贝尔维尤前市长（美国西北区首位华人市长）、现任市议员李瑞麟先生一行亲切看望三亚代表和大使船员

第六章

被质疑的战术

第七赛段第一站　西雅图—巴拿马

第七赛段有两站，西雅图—巴拿马，巴拿马—纽约。第一站起航后，船队开一天一夜马达推出西雅图外的海峡，进入太平洋。然后向南沿着美国西海岸一直到达哥斯达黎加外海。在哥斯达黎加结束比赛后，马达推进穿过赤道无风带，抵达巴拿马运河。三亚号实际航行 10 天，3200 海里。

起航大会在西雅图图书馆举行。显然上一赛段有惊无险地顺利完赛让罗宾爵士安心了不少，他轻松地祝福水手们享受下一站相对轻松的航行。

但这是一段持续两个月的航行。也许风浪不会很大，但时间将是对水手意志力的最大挑战。

新换上来的大使船员是陈蔚和单洋洋。陈蔚是戴尔公司的经济预测分析师，戴尔电脑正好是克利伯环球帆船赛的赞助商之一，她入选三亚号大使船员后，自然也变成了戴尔大使。接近 20 年的分析工作让陈蔚对数字有先天的敏感，但一想到要和这么多不认识的人一起航行两个月，她还是很紧张。

一直不安与惶恐，想到比赛心马上狂跳，静不下来，平静的时候心率也在每分 90 以上，一有工作就在 100 以上，非常焦虑。虽不喜欢那种状态，但就是无法平和下来，朋友教我如何打坐深呼吸让心跳平静，希望在船上有用。

单洋洋是海南的新移民，跟着 10 岁的环海南岛大帆船赛一路成长，不到35岁就做到了赛事总监。他的苦恼是作为中国最大离岸赛的赛事主办者，他的远航经历却少得可怜，在海帆赛上发号施令看似威风八面，实际上他清楚自己离一个真正的水手还差得远。克利伯环球帆船赛正好能弥补他的缺憾，他在培训月第一周介绍自己的时候就说："我要把克利伯的先进经验带回海帆赛。"

训练月时单洋洋最有触动的就是克利伯环球帆船赛对细节的苛刻，尤其是在安全上。克利伯的教官从马桶的正确用法教起，保证每条船的水手建立起同样的标准，熟练到即便在漆黑不见五指的夜航中，不用说话也能互相配合，完成工作。

单洋洋的另一个困扰是，把老婆和孩子都扔在家里两个月不见，这可是结婚十年来从没发生过的，欠这么大一个人情可怎么还？更何况船上空间有限，温蒂对每个人的行李限制那么严，西雅图来了一趟，在星巴克发源地派克市场，什么也没给老婆买……这可怎么交差？

起航的那天，单洋洋临出发前和女儿视频聊天，他把手机递到温蒂船长面前，肉肉的小女孩看着世界另一端的女船长，温蒂咧嘴笑着说："希望你将来也能成为船长！"

三亚号终于再次出发。因为西雅图所处的地理位置在河道的最深处，从码头到正式起航线要开马达行进整整一天。因此各队在贝尔港举行了港内赛来决定外海的正式起航排位，成绩好的船队，正式起航时将更靠近上风有利位置。

港内赛起航时三亚号位置不佳，倒数第二个冲出出发线，而本土作战的西雅图号一马当先。

"不好意思啊，我们落后了。"温蒂看着前面的船说道。眼神淡定，赛前准备会她把策略布置得很清楚，北美洲西海岸风小难测，变数太大。与其贸然进攻，不如采取守势。不论青岛号还是西雅图号，谁领先就争取压制住谁。

“帆船比的是谁出错少，我们只需要做好自己的事。还有三个月，不跟他们争这一时。”单洋洋听到温蒂这么说，心想：传闻不实，船长很和蔼嘛。

远处有一艘十层楼高的大游轮刚刚靠岸，船上的游客们举着手机给港内 11 艘大帆船拍照。大喇叭里喊着：这些帆船要航行去纽约！

最先冲出出发线的大不列颠号瞬间领先了其他船好几百米，引起观赛船上一片热烈的欢呼和掌声。而出发不利的温蒂审时度势，迅速判断出靠左航行更有优势，第一圈没结束就成功超过了靠右的五艘船。

最后一标，右舷过标，温蒂小角度直冲浮标而去。佳明航电号从上风大角度加速斜斜地开过来，在三亚号右边抢向浮标，想硬从三亚号和标的中间挤过去，两艘船的距离近到能清楚听到彼此的绞盘声。佳明航电号在上风，按规则要主动避让三亚号，两艘船上“让先”的喊声大作，提醒着对方注意自己位置，而动作上却互不相让。

“温蒂，角度太小了！”前甲板瞭望的麦克·风大喊，麦克不到万不得已绝不会挑战船长的决定。

“我知道我在做什么！”温蒂吼得不容置疑。

相持到最后一刻，船眼看要撞上佳明航电号，温蒂突然大喊：“换舷！”水手们应声而动，船稳稳转向，刚好和浮标把佳明航电号夹在中间，佳明航电号被逼到不是撞船就是撞浮标的境地，电光火石之间，温蒂突然猛地打舵避让，佳明航电号挤过了浮标。但明显是温蒂为了避免撞船而做出的避让。

“抗议!!”温蒂大喊出声，法国人阿奔等人也跟着大喊。佳明航电号船长吼着："好吧好吧好吧！"恨恨地把舵盘打得飞转，眼神瞥向温蒂充满不甘，气急败坏地掉头回去绕标两圈自罚。

"干得好！"金兰丽称赞了一声。她已经不再想着退赛的事了，越来越轻松地享受着比赛。她准备把追了她一路的大卫从男朋友晋升到未婚夫，这个特殊的"共同"环球旅程将是他们未来家庭里的第一个回忆。

终点由两个浮标组成，三亚号紧追着西雅图号离右边的标比较近，Unicef 号和利物浦 2018 号比较靠近左标。奇怪的是，领先的西雅图号朝着右边越走越歪，眼看就要误标。

"不对！肯定是标门设计有问题……"温蒂自言自语。昨天的动员大会上，竞赛官当着所有人公布过港内赛航线，但三亚号的水手们没有特别注意记录航线。战术一向都是温蒂决定，到了赛前才解释给

取得西雅图港内赛第二名

所有人，三亚号成绩一向很好，大家习惯了温蒂一个人决定战术。

突然，Unicef 号上大呼小叫乱成一团，好像撞鬼一样慌慌张张地转向，追着西雅图号的方向追过去，而西雅图号已经开到了标门外面，温蒂马上意识到，需要从另一边通过标门冲线。“紧绳索！”三亚号迅速调整角度，赶在走了大折角的 Unicef 号和利物浦 2018 号前追着西雅图号绕过标，冲线取得了第二名。

冲线后的温蒂高兴地说：“暂时落后时尤其要睁大眼睛，永远不要放弃。”

三亚大使陈蔚安静腼腆，留着干练的短发，见人的时候笑眯眯的。平时她爱穿鲜艳合体的衣服，更显得她身材修长。她的简历上写着，她是 2016 年三亚帆板邀请赛业余组冠军，2016 年皮划艇俱乐部杯女子组冠军和澎湖铁人三项赛的女子组冠军，多次参加近岸帆船赛。她觉得自己熟悉帆船，体能强健，远航是理所当然的下一个挑战。

但训练月刚过了一周她就打起了退堂鼓，她说：“我没想到克利伯是这样的，不能洗澡，吃得不好，每天臭臭湿湿的。我想象中的远航是穿着蓝白条的海魂衫，海风吹过头发，晚上躺在甲板上看月亮。”

还有一个她不适应的就是船上的食物。陈蔚是福建人，吃得精细，爱喝茶，尤其爱喝日本抹茶，克利伯赛船净化过的海水和颠簸的厨房根本没法让她安心喝一口茶。食物更不用说了，哪有食物的样子啊！

还有晕船，陈蔚晕船的反应特别大，她不明白为什么小船上她应对自如，上了大船就晕得天昏地暗。

这一切着实让她认真考虑是否要放弃克利伯远航。但最终对海洋的好奇和不想自己半途而废的心让她决定继续参赛。为了训练自己，她专门找大河一起从三亚送船去深圳，10米长的小船，四天三夜，虽然一样吐成人事不知，但不知为何，经过这些折腾后她来克利伯的信念更坚定了。

起航那天陈蔚穿着蓝色的三亚号航海夹克，红色的航海连身裤，棕色的航海靴，站在船头接受采访时，帅气潇洒。她面对镜头，尽量平静着自己的情绪，说道："人生这种机会只有一次，来了体验就好。"不远处刚刚靠岸了一艘巨大的游轮，上千名游客排队带着拉杆箱离船，很多人穿着陈蔚曾经向往的那种海魂衫。

数字控的陈蔚写的第一篇日记也充满了信息量：

> 夜班凌晨2—6点到了，甲板气温零上3摄氏度，我的穿着如下：
>
> 帽子：速干化纤保暖帽。
>
> 衣服：美利奴羊毛短袖＋速干长袖＋邢唯伟推荐的猛犸象软壳保暖服＋重装航海服。需要把领口封紧。
>
> 裤子：美利奴羊毛短裤＋速干长裤＋滑雪单板护臀裤＋重装航海裤。一直觉得膝盖好冷，后来加了排球护膝好多了。
>
> 鞋：美利奴羊毛厚袜＋防水袜＋航海鞋。这些不太行，一直觉得脚冷。
>
> 幸亏每半小时水手都轮班到甲板下温暖一下，一夜安然度过。一直朝南方航行，希望会越来越温暖吧。

航行久了，无边海天一舸横渡，每天和二十几个不一样文化背景的陌生人一起困在不足100平方米的小空间里，一起做一件疯狂的事，难免对人生和世界生出完全不同于以往的感悟，即使没有感悟，也多少会生出点见惯风浪的从容不迫，或者坐井观天的自以为是——百尺渡舟即天下，什么人情冷暖，海风一吹即散，管他是非成败，惊涛一拍全乱。

痛苦高兴都迷迷糊糊，想借远航想通的纠结已记不太清，放下了很多不必要的矫情。

头脑轻松了，胃却馋得更清楚了。

起航这天的午饭是面包香肠番茄酱热狗，晚饭是牛肉番茄酱意大利面。吃完饭三亚大使船员单洋洋说："胃里往上反的酸水，经仔细品味，也是番茄酱味儿的。"

不少中国水手都自诩美食家，在岸上嫌"老干妈"太辣太咸不健康，到了海上才知道"国民女神"的称号当之无愧，只要一勺就能把这些味道各立山头的"英伦美食"混到一起。半年过去，不光中国水手，各位西洋胃也拜倒在"god mother"的棉裤下。

船上带了很多零食为水手们补充能量，大部分是甜得发腻的高热量糖果、饼干。咸的只有消化饼干和花生仁，还有迪马坚持买的保证放十年不坏、咸得发齁的牛肉棒。日日如是实在是大倒胃口，水手们都会带些喜欢吃的零食，船长带了巧克力，汤姆·猫猫在储物格里藏了不少软糖，单洋洋带了辣鸭翅。

不远航不能体会中国心和中国胃灵与肉般的依存关系，瓜子、绿茶、老干妈简直是孤独寂寞冷时中国心的精神归宿。熬过太平洋的高宏大哥深有体会，他特意在起航前给船上的中国船员每人买了一大袋吃的，杯面、牛肉干、开心果塞满了个人储物格。

34 岁的单洋洋上船前还在跟高宏大哥客气："不用这么多，我来之前做好吃苦的准备了。"陕西硬汉高宏直接回答他："到时候你就知道了。"

俄罗斯迪马常常热心给新加入的水手们一个个讲解三亚号航行的要点和大半年积累的航行经验。他因此总是最先和新水手们混熟，单洋洋感谢迪马的耐心，拿出在西雅图中国城买的鸭翅分给他尝。美国的中国超市内标价是国内的好几倍，单洋洋没舍得多买，原打算一小包超辣鸭翅嘬一天。

迪马和单洋洋在舱内嘻嘻哈哈一阵子，然后"呲啦"一声撕开了包装，再等了几秒，只听得一声哀号，迪马把头伸出舱口，脸辣得通红，咬着牙从所有牙缝里往里吸风，眼睛挤出了泪，嘴里"啊啊，嘶嘶"地响个不停。

"辣……啊……嘶嘶……天啊……辣……"

甲板上笑成了一团。辣劲儿过去，迪马居然又去找洋洋要求再试一次，洋洋豪爽地将又一包"奢侈品"奉上，然后又听到俄罗斯口音的"啊啊，嘶嘶"好一阵叫唤。

大洋上分食一包特辣鸭翅后的长啸，大快人心。

天色越来越暗，海面上倒映出月亮的影子，坐在船尾，手里抓着高宏大哥塞的开心果，每日限量十颗，一颗颗慢慢品尝，这种爽，非此地此景不得享！

天气刚刚转暖一点，风浪就大了，晕船也来了。陈蔚的日记里写道：

上船前我给自己在船上的定位：虚无存在的人。

保护好自己的安全，不给他人添麻烦，做好自己的任务，少说话。

刚刚战胜了寒冷，没想到晕船的噩梦才开始。

白天顺风顺水的球帆以 14 节速

单洋洋

度快速行驶。俄罗斯帅哥迪马突然说要教我记航行日志，下到舱底盯着导航电脑认真记录各种数据，突然就觉得晕了，赶紧出来去甲板，呼吸几口新鲜空气后舒服了不少，但胃已经开始不舒服了……

以为睡一觉就会好，没想到隔天一早起床就吐了，幸亏我口袋里备着密封塑料袋，随时低头从容淡定地吐个利落。

然后一整天吃啥吐啥，连吃的晕船药都吐！

船上医生和船长安排了一个最不颠簸的床位给我，心里也没什么不好意思地直接就躺上，过后又吃了片晕船药，在船上最好的位置睡了一觉，隔天就完全好了。

要点：新手上船一定要在随手可拿的口袋里备着密封塑料袋。

早上换上航海服上甲板，所有人都关切地问我：今天好点了吗？还真有点吃惊和感动，连说：我好了。

完成比赛船员们的嘱咐这时发挥了作用："吐很正常，吐完了继续干好自己的活。"

即便吐得昏天暗地也不要紧，只要能尽量上甲板，保证安全的情况下帮点小忙，大家就会知道你的努力，对大家和自己都是尊重。和大家相处融洽，自己心情放松，也就不容易晕船了。万万不能晕船就赖在舱里不上来，另一个德国小哥说得对：外面空气好，有助恢复晕船。

今天不晕了，从最简单的只要出力摇绞盘开始上手，慢慢其他人就会教你其他工作，我和洋洋今天都轮流做了球帆控制，还在海面相对平静的时候掌了舵。

能多一点点努力，然后成为被接受的新手，感觉比虚无的存在还好。

一号球帆是全船最大最轻的帆，是为在小风天抓住微风而设计的。轻薄的材质使它最容易破损，第七程起航后第三天，一号球帆撕裂了。

这面球帆跟着三亚号航行了大半个地球，已经缝补过很多次，上面布满了大大小小的补丁。一般小的破损先用帆贴贴住，再缝上几针加固。大的破损就需要仔细地用帆贴粘齐，再用专门的船用缝纫机缝出 W 形针脚，把帆贴加固缝在帆上。

每艘船都有一个修帆负责人，三亚号的“帆匠”是家住澳大利亚的美国人凯瑟琳。凯瑟琳原本在悉尼一家医院做财务审计工作，54 岁这一年老公突然去世，凯瑟琳心想，何不借此机会做一点不一样的事情，换一种活法？于是她拿出多年的积蓄，给自己买了一张环球一年的克利伯帆船票。

平时的生活中，凯瑟琳面对数字的机会比和人打交道的时候多，她认真且忠诚，不允许任何人轻易说三亚号的不是。她来克利伯的一个愿望就是能训练自己的管理能力，所以她申请做“船队协调官”，成为三亚船友和竞赛组织之间的主要联络人。对于之前天天坐办公室，生活中极少出现意外情况，没有任何航行经验，性格也并不属于喜爱冒险的凯瑟琳来说，和一群来自世界各地的人一起驾帆船远航无疑是一个疯狂的挑战。第一赛段时她几乎不能适应，想要退赛。船长温蒂同为女性，凯瑟琳对温蒂有着格外的支持，她觉得自己比别人更了解温蒂，时常不自觉地尝试扮演“管理者”的角色，然而温蒂似乎不那么领情，别的船员也并不听她好心好意的“管理”，这令凯瑟琳很难过，她认真地想过放弃。然而环球航行毕竟是她送给自己的一个特别的礼物，而心思缜密的会计凯瑟琳也不打算被这些小小的挫折轻易打败，她决定坚持下去。

耐性十足的凯瑟琳自告奋勇成了三亚号上的修帆人。在前舱里修帆是最折磨人的工作，那里不通风，晃动最大，而且船上修帆用的缝纫机坏了，工程师格林试了各种办法也修不好，破了的一号球帆只能手动修理了。凯瑟琳双眼红肿，坐在前舱一针一线缝球帆。

船上的水手们对专注修帆的凯瑟琳发出了由衷的赞叹：

“这事也就你能干！”

“多亏了你了，凯瑟琳！”

“我能怎么帮你，你可得教教我！”

修帆时凯瑟琳时不时举起帆边，对着灯光比一下长短，再贴好帆贴。她爱听早期的美国爵士，跟着路易·阿姆斯特朗的歌声，用锤子把穿了线的大针用力顶过厚实的帆布，一针针缝好。再挑剔的水手也得佩服她的耐心，时不时有人去帆室探望他，给她送点糖果和零食。

凯瑟琳修帆

终于修好了帆，温蒂催着把帆升了回去，球帆上大大的一个V字补丁，和其他那些形状各异的补丁将最终成为这艘船的勋章。这面帆会成为下一届比赛的训练帆，让未来的水手们想象曾经发生在这面帆下的故事。温蒂看着帆说：“修得太棒了，不容易。”凯瑟琳看着自己的成果，挠着短发，有点羞涩又非常甜蜜地享受着水手们的赞美，心里暗暗祈祷：保佑我吧，别再破了！

晚上 8 点，北纬 45 度的天还大亮着，温蒂亲自掌舵，船高速在东太平洋向南疾驰。风浪都不大，除了新水手在和晕船做斗争，一整天的航行都顺畅平稳。

舱里睡得正熟，突然甲板上脚步声咚咚敲响，一阵慌乱后，舱里的水手被吵得迷迷糊糊醒来，闭着眼暗暗祈祷着一切都好……

“全体上甲板！”这是一年来第二次听到温蒂发出“紧急指令”。上一次是 8 个月前的第一赛段，过赤道，球帆升帆索突然断了，整片球帆掉在水里，23 个人用了 20 分钟才把球帆拖上甲板。

刀客大卫正在洗碗，闻声跑去拿救生衣，和汤姆·猫猫撞个满怀。

“什么情况？”汤姆边套救生衣边问。

“不知道！事儿小不了！”刀客神色严肃，双目圆瞪，一脸急诊室主刀的煞气。

汤姆探头一看，说：“温蒂没有咬死嘴唇。这说明情况不算太糟。”

“降帆！降帆！降帆！”温蒂吼着。

上了甲板一看，球帆撕成了两半，上一半在空中飞舞，下一半在海里摇曳，两片间只有一根细绳连着。后帆边整条被撕了下来，一条三指宽湛蓝的布条在浪里若隐若现。

太阳很快就落下了海面。晚霞里凯瑟琳睁圆了双眼，脸憋得通红，昨天刚补好的帆，现在天上一半海里一半，她的心理阴影面积和球帆一样大。

工程师格林冲到船头，用力地向下拉着半截球帆，拉慢了破球帆可能会绕到前支索上，拉快了上下片之间黑绳会被扯断，上半截收回来就难了……

迪马穿着内裤冲了上来，跪在地上一边帮格林，一边大声指挥中舱降帆。新上船的莎莎穿着小狗花纹的保暖衣上来帮忙，腰挺得笔直，一看就是运动好手，发力的时候脚蹬着船舷，一寸寸把水里的帆往甲板上拽。迪马一边干活一边称赞："你的三保暖可真好看。"

莎莎本职工作是理疗师，航行结束后她要赶去温布尔顿为英国网球公开赛服务。她的理疗资质包括人和马，特别是爱闹唤的种马……

"暂时升前帆，准备二号球帆！……"温蒂大喊着，大半年来被她催得人仰马翻的水手自动分成两队，一队救帆一队换帆，不到10分钟一号球帆收回了船舱，二号球帆飞了起来。"处理得真棒，伙计们！凯瑟琳呢？"

"她去准备修帆了！"

如果你爱一个人，就送他去远航；如果你恨一个人，就送他去远航赛船上修帆。

这次球帆的破损是三亚号建队以来最严重的。凯瑟琳整整两天没上甲板，三个人和她分两组轮班修帆。好在这时候缝纫机修好了，修帆速度加快，一号大球帆明天肯定能再升起来。

夜已深，温蒂写完当天的报告，打开了卫星，还没等到联通，就听见甲板上缭手大喊起来，紧跟着摇把手大喊起来，舵手大喊起来……

温蒂也大喊起来："又怎么了！"她边喊边冲上了甲板。

"……全体支援甲板！"

上一次喊全体上甲板是大球帆撕成了两半，这回又是啥？

“Wrap！（帆缠支索了！）醒着的快穿救生衣上来！”

球帆绕住前支索或者内支索，是航行中最大的麻烦之一。

繁星点点，海浪里荧光闪烁，侧后方青岛号的航灯飘忽而近，好容易拉大的一点领先优势正在消失。白色的球帆同时裹住两根支索，支起了一个三角的篷子。两三个人贴着支索把球帆使劲往下拉，四五个人倒在甲板上用身体压住好不容易拉下来的球帆，以防被风再吹开。

前甲板舷窗下，还在修理一号球帆的凯瑟琳惊恐地看着甲板上夜灯乱闪，她刚被针扎了手，但好像浑然不知，只是希望千万别再弄破什么了……

球帆终于解了下来，草草塞进船舱等待检查破损，后面青岛号的航行灯好像更清楚了。温蒂气急败坏的喊声被风吹得丝丝缕缕，催着拿出最后的球帆，也是最后的三号球帆来升。

23米高的桅杆顶在手电光里左摇右晃，升帆索长得像没有头，格林和单洋洋埋头拉着绳子，现在的他们只想赶紧升完球帆倒在甲板上睡一会儿。刀客大喊着指挥，突然球帆自己打开了，缭手一不留神，硕大的帆把缭绳拽出去了五六米，左摇右摆起来，温蒂在船尾看不见前舱发生了什么，只是催着水手“拉！快拉！”声音像刀掩在石板路上。

拉绳子的格林和单洋洋已经被眼前的球帆弄得全无信心，手里的绳子重若千钧，不论温蒂怎么催都拉不动。球帆中间慢慢卷住，像个两头粗中间细的葫芦。西方称为红酒杯，形容中间扭住的部分细，像红酒杯的细长脚。

迪马拿着手电低头看向帆舱里的修帆组，无助地摇了摇头，一号球帆在抢修，二号球帆堆满了餐厅和休息区等着检查，三号球帆升帆

抢救球帆

失败要降下来……放哪呢？

“松升帆索，使劲绞缭绳！”温蒂也看到绞成了红酒杯的球帆，撕心裂肺地指挥解救。但两百平方米的帆自缠绕，中间扭死上下鼓开像两个帆，完全不是人力能拉开的。温蒂无奈喊了一声：“降帆！”

指令刚一下，原本缠死的“红酒杯腿”突然松动了，温蒂马上小心地控制船，让主帆把球帆稍微挡住，吹在球帆上的风小了，球帆懒洋洋地舒展开来。迪马举着手电，声嘶力竭地喊着：“解开啦！解开啦！没有破损！”

凯瑟琳长舒了一口气，这时已经过了零点，球帆卷饼（spinnaker wrap）也吃了，红酒（wineglass）也喝了，一直没来得及发当日报告的温蒂重写了一篇：“这酒足饭饱的惊魂夜，我想船员们一生都会记得。”

单洋洋日记里也记录下了他那夜的感受：

我真的希望 Starboard Watch（右舷组）叫我们起床可以换一种方式。催命鬼一般的他们又一次让我们组从睡梦中惊醒，只感觉甲板上又是呼叫声又是杂乱无章的脚步声，非常混乱。温蒂知道肯定又出现状况了，边呼问出了什么状况边冲上甲板，随后便听到她扯着嗓子大叫的声音，紧接着就是一声“所有人上甲板”。我们开始冲向甲板，一看球帆又缠绕在一起了。这次的方式不同，是球帆中间位置和前支索搅在一起了，俗称“搅葫芦”。

此刻青岛队还在虎视眈眈地追赶我们，最紧张时我们只领先他们几百米。船长也是拼了，直接将球帆当成大前帆使用，几乎近 90 度横风航行，速度惊人，很快就再次与后船拉开距离。只是这样一来我们组的压力非常大，要小心防止器械在非常规使用中出现损坏，所有人都要各守其职，随时调整器械。4 个小时的值班时间几乎等于我三天的工作量，又累又困。我当时心想：不带这样玩的，一号球帆在维修中，二号球帆又两次出现状况，说好的比基尼赛段呢？

原本以为第七赛段被戏称为“比基尼赛段”，是说这一段比赛难度小，悠闲地像穿比基尼晒太阳。谁知道说的是无处躲藏的炎热和漫长。快进入热带了，下夜班的英国女医生安妮交来水手日记，一整夜只写出一句话：“It’s hot！（真热！）”

一天喝了 12 瓶水，共计 6 升，尿意却稍一犹豫，就不知去向。正午的甲板上白花花睁不开眼睛，只有桅杆遮出点影子，随着船晃摇来摇去。船员们摘了墨镜，个个露着太阳镜印子。

甲板下更糟糕，闷得喘不过气来。天一热，各种设备耗电增大，发动机开得更频繁，船舱因此更热。人人坐立不安，皮肤能挨到的墙壁都湿答答的，不知道是自己湿还是别人的汗黏在上面。

舱里只有俄罗斯迪马和穿着小熊花纹T恤衫的莎莎，还坐在餐厅没日没夜地聊天。两人鼻头带着汗珠，眼里带着温柔，边聊边笑。两人竟在酷热之中陷入了爱河，马被理疗师制服了！

吊床的床垫热瘫了，身体压上去，就听到床垫“嗯——”地散出一腔热气，松松垮垮地把人兜进去。轮休的水手常有一番心理斗争，是上床睡个安稳觉，还是留在甲板上，在太阳底下吹吹风。

甲板上也睡不安稳，特别是晚上，风小得几乎感觉不到，每个小时都会换帆换舷，刚睡得手脚酸麻就被叫起来挪地方。

如果开着舱盖，前舱里是不错的睡觉处，躺在帆袋上，过不了多久帆袋就会被压成贴合后背的形状，舒服极了。但一换舷就要把前舱盖关严防止工作的水手失足落下去，刚关上时，睡在帆室的人不觉得，不到1分钟，温度就能升到40摄氏度。那时就见到人们浑身大汗逃出帆室，交流着彼此湿漉漉的噩梦。

写到这里，风彻底停了，天地间只剩海水在热情地蒸发着。目的地巴拿马运河还在两千千米外。

媒体船员明浩曾经追随郭川船长通过巴拿马运河，他与水手们分享了那次过运河的“一波三折”：

法国传奇水手弗朗西斯·若洋，2007年曾驾驶一艘100尺三体大帆船IDEC2创造单人不间断环球世界纪录，用时57天13小时！这个纪录一直保持到2016年。（世界单人不间断环球纪录是在郭川失踪两个月后的2016年12月17日被法国水手弗朗西斯·贾巴特打破的。）

2014年若洋把IDEC2交给来自中国青岛的郭川，自己买了一艘110尺的IDEC3，2015年送船去美国的途中，这艘IDEC3成为第一艘通过巴拿马运河的超级三体赛船。

2016年，郭川船长正在筹备他的旧金山至上海——单人不间断跨越太平洋挑战，要把更名“青岛号”的IDEC2三体大帆船从里约运送到旧金山。因为知道若洋曾有驾三体船通过巴拿马运河的先例，郭川也打算和他一样取道巴拿马运河。

巴拿马运河全长65千米，是连接大西洋和太平洋的重要通道，号称新“人类七大奇迹”之一。

每艘过巴拿马运河的船都必须全程由巴拿马派出的领航员登船导航，人称“引水员”，规定要求过运河的船只，要为船上的引水员提供三餐饮食和船上生活设施，比如厕所。对于一般的船只这当然不成问题，而郭川的赛船为了增速减重，一切“非必要设施”一概没有，比如厕所。平时船上小便在船尾回归自然，大号则用一个折叠马扎套降解袋在储藏间解决。而这当然又不符合运河的规定，检验员认为没厕所不体面，不予放行。

帆船码头在运河大西洋一侧的科隆市远郊，离最近的小超市开车40分钟。第一天郭川开车3小时去巴拿马城买回来一个船用简便马桶，50厘米见方，能冲水。傍晚检验员来看了一眼说不行，她建议去租一个移动厕所放在船上。过运河的代理人打听了一下，巴拿马另一端的巴拿马城有的租，连运带吊装上下，费用3600美元。郭川郁闷得不行，这次挑战经费非常紧张，他处处能省则省，为了省钱他到岸也没舍得住游艇会酒店，仍然住在船上。但这笔租厕所的巨款看样子是省不了了。

第二天厕所运来了，三体赛船甲板上根本没地方放，水手长约翰把三米多的稳向板插进水里，甲板上马马虎虎空出两平方米，绑好了厕所。计划糊弄过检查后就放倒，等引水员要上厕所再竖起来。

鲜红的船身和厕所的橙红非常接近，一打眼像原装的，让人哭笑不得。“给 F1 赛车装空调”，处女座的约翰嘀嘀咕咕了一下午。检验员来了一看，厕所算是通过了。

运河两端用三级水闸依次蓄水把船只抬升 30 米，达到加通湖平面后驶过湖区。到达另一端再通过三级水闸放水降回海平面。船只在升水降水时会被水流推来推去，靠四根缆绳连着岸上绞盘同时收放，以保持稳定。所以运河法律规定过运河的船只，四个角都要有足够结实的俗称“羊角”的固定桩。

郭川把他的青岛号开到了巴拿马，才知道遇到了意外的麻烦。老船长若洋在法国忘了告诉郭川，他当年通过运河时，因为赛船没有羊角，运河管理处特事特办，让四个带羊角的橡皮艇架住三体船过运河。而他过河时一艘橡皮艇中途撒气沉了，让运河停运了接近半天。等郭川到巴拿马，验船的官员不再通融，非见羊角才放行。

郭川的青岛号超级三体赛船当然也没有羊角，过运河的代理公司建议在碳纤维船体上打洞，可是这样赛船就废了，况且链接碳纤维的钢制羊角也不能真的受力，事关安全。连续五天，被挡在巴拿马运河大西洋一边的郭川东奔西走，找尽门路，却无计可施。眼看到了周五，周末官员不上班，如果拖到下周，就要误过创造跨太平洋纪录的最好天气。

这时候巴拿马当地帆友郑克琪帮郭川想尽办法，他自己也已经陪了船队整整五天，他家离码头开车要三个小时的路程，于是他索性就在船上睡吊床。2015 年年初我刚认识郭川船长的时候他不抽烟，三体船训练的两年里，他越抽越多，但也尽量躲着不让人看见。傍晚雷阵雨稍停，郭川从郑克琪那要了支烟，把火头嘬得耀眼。

跨太平洋挑战郭川准备了两年，完成后他打算驾超级三体船反转地球，一步步紧锣密鼓。习惯了郭川成功的人们和郭川自己都不能想象失败。

巴拿马人有理由休息决不工作。雷声一响，雨又下了起来，天黑沉沉的，运河管理处很可能因为下雨提早结束工作，这周怕是走不了了。如果不能按时过运河，去旧金山可能也没了意义。到底应该怎么办?

所有人都在努力找事情做，生怕闲下来自己的眼睛碰上船长的眼睛。我在远处举着摄像机等到郭川船长抽完一支烟，用长焦镜头推上去拍他的眼神，他瞥见我在拍他，却又点了一支，连躲的心都没有。

突然雷声里传来马达声，一艘漆着红字的铁皮机动船开进了我们所在的小码头。连续五天，这是第一艘进港的铁皮船。一个身材壮硕的男子没等船停稳就踩着跳板跳上了岸，一手拉着雨衣的防雨帽，看着气哼哼的。

郭川和约翰马上绕过屋角迎上去，陪着一个五十多岁留着小胡子的中年人挥着手快步走了回来，那个男人好像在抱怨着什么，衣服上写着“运河管理处”，郭川和约翰侧着身子紧跟着，赔着小心频频点头。

看到通体鲜红的三体船，“运河管理处”男子突然愣了一下，挥了半天的手臂垂了下来，打量着如海王三叉戟一样的怪船。郭川见惯人们初见三体船的表情，马上开始介绍三体船的构造和她身披的辉煌纪录。

管理处官员把手放进了衣兜，听完了介绍满脸好奇，问了句：“能上去看看吗？”

郭川的眉眼瞬间松了一下：“当然当然！”

“钦差上船啊！”事后郭川对我说，来人是管理处总监。他细问了一堆船上怎么吃喝拉撒、最快速度、最长航行时间等“大众粉丝常见问题”，然后才说到羊角。他听了约翰提出的解决方案后，切换回公事公办的官员脸对郭川说：没羊角就算了，出了任何事都要你负责。

郭川乐得眼都看不到了，手脚也不知放哪里好了，约翰会说西班牙语，一连串答应着：Si！ Si！（是！是！）

最后总监大人又恢复粉丝人设说：“那帮我们拍张照吧。”他拉过郭川，乐呵呵竖起了大拇指。

事后听说，总监的来意原是赶在下班前亲自通知原则不能改，让郭川想别的办法去。而只有他有权利批准不合规定的船过河。

装好了厕所，也解决了羊角问题，青岛号总算可以告别大西洋，向太平洋进发。

出发这天，高高壮壮的引水员跳上船后左看右瞧新鲜得不行。郭川解释厕所是专为他安排的，实在没地方放，他随时需要随时为他竖起来。他咧嘴一乐：“我在跨洋货轮上工作了28年，才没那些检验员那么娇气。这船不得了！你们也好样的！”说完乐呵呵地到船尾自己解决去了。

3600美元真白花了！

每年有14000艘大小船只从巴拿马运河通过，小到5米宽的帆船，大到几十米宽的万吨巨轮都能畅行无阻。进水闸前，用四根锁链把船的四角和岸上的轨道车相连，一般由电脑控制四根锁链松紧，使船稳定在河道中心。

郭川轻便脆弱的赛船比普通船只要麻烦得多，只能使用最古老原始的人工拖缆方式过运河，四个头戴黄色安全帽、身着蓝色工作服的胖胖的工人把四根缆绳扔到船上，和船上绞盘相连。船进入运河时他们也跟着船往前走，绳子拖在地上，被运河堤不平的边缘挂得跌跌绊绊。

进入一重水闸后船刚停稳，他们就把缆绳套在固定桩上，然后突然从30米高的堤坝顶上消失不见了。随着水闸放水，船只慢慢升起来，缆绳慢慢变松，水手们跟着升水的速度把缆绳收紧，四个角始终同步，以保证船只一直在河道正中。过一个闸二十多分钟，等到船只升起至与河堤齐平，才听到铃声一响，工人们慢慢地从一个小屋里走出，脸上带着刚喝了热茶的满足。

郭川过运河时，四个陪走的运河员工把绳子扔上船后，拖着缆绳踢踏着跟在堤岸上。他们隔着运河，像唱山歌一样对三体船指指点点，说到兴处手舞足蹈，他们在十几米高的闸壁边走着，鞋带松松垮垮的，真让人为他们和船捏把汗。

进第三道水闸时，一根拖在地上的缆绳突然磨断了。郭川的碳纤维船很轻，受力不均，马上失了平衡，斜着撞向闸壁。

郭川掌舵，我和约翰负责左舷，另一位水手阿芒和来帮忙的巴拿马华人船友Andy负责右舷，刘明拿着防撞碰球机动应变做最后一道保护。断的是右舷后角阿芒那边的绳子，老水手阿芒一惊，法语和西班牙语穿插着破口大骂起来。被各种检查搞得憔悴不堪的郭川红着双眼瞪向站在旁边的引水员。引水员指着左后角大喊："碰球！"

刘明早已窜了出去，提着碰球踏上伸在船外的狭窄浮箱，走平衡木一样几步窜到船左后角，赶在船尾碰到墙前把碰球一塞，船稍稍一滞就被弹开。剩下三条绳受力一拉，左前角又向墙撞去。刘明显出专业运动员的功底，左摇右晃跑过30米长16米宽的船身，伴着惊呼把碰球顶住了空隙……这时如果从空中鸟瞰，简直好像在玩折返碰碰球游戏。

在阿芒和约翰的嚎叫声里，岸上扔来备用缆绳，船终于稳定了下来，巴拿马运河万籁俱寂，船上的人又气又急，耳中钟鼓齐鸣。

刘慈欣在《三体》里曾经幻想过用纳米丝切碎巨轮，就发生在巴拿马运河。

作为人类奇观的巴拿马运河一边设有四层高的运河观景台，二楼是阶梯座椅，三楼是自助餐厅，餐厅外和四楼是上百平方米的平台，站满了买票来看船过运河的游客。观景台上有广播员向大家广播正在通过运河的船型，也有DJ放音乐搞气氛，兴奋的观众和过河的船员们互相招手，互为风景。

运河最初安排郭川走新河道，跟在一艘100米长、30米宽的巨型油轮后面，为避免大船激起的浪，务必等大船停稳后帆船才能进运河。观景台在旧河道旁，新河道离观景台有一两百米。万吨巨轮光甲板就30米高，郭川的甲板才1.5米高，在巨轮后面会被挡得严严实实的。

到了入口处时发现大船还没到，船被指向旧河道，领头进入。之前的检验手续弄得郭川草木皆兵，他没有通知任何人来观礼。

远远看过去，观景台上人头攒动，隐约听到扩音器里DJ在喊着郭川的名字。姗姗来迟的大船跟了上来，是艘40米高、通体墨绿的超级油轮。鲜红的三体船像是领衔的将军，带着方阵缓缓进入观众检阅。

甲板上丝毫不敢松懈，岸上工人套好缆绳，甲板上绞盘同时开始收紧……

这时，岸上突然响起了二胡演奏的《歌唱祖国》……

郭川船长和青岛号上的水手们突然一惊，四根原本同时收紧的缆绳松了一根。和上次断绳子一样，船迅速歪向一边，甲板上大呼小叫，刘明左奔右突，等到稳住船身，一曲恰好奏完。观景台上掌声雷动，“好样的！真帅！再来一遍！”

观众还以为船员们在向他们炫技……

原来是过去一周热心陪伴帮助青岛号的巴拿马当地船友郑克琪

三亚号过巴拿马运河

特意请在当地教授二胡的朋友来运河演奏，为郭川送行。郑克琪带着几百名特意来现场送行的当地华人一起挥舞着五星红旗，高喊着“郭川！”“中国！”“加油！”硬汉郭川站在船头冲着观景台招手，眼泪哗哗流下，他抹着眼泪轻声说：“这就够了。”

这就是传奇的中国竞技远洋帆船第一人郭川船长过巴拿马运河的故事。郭川船长通过巴拿马运河之后顺利抵达旧金山，随后按照计划开始他的旧金山至上海单人横跨太平洋挑战，但是不幸在夏威夷附近海域失联。是郭川船长让我认识了航海和远洋，时隔两年，跟随三亚号再次通过巴拿马运河，我非常非常地想念船长。

青岛号始终没有超越三亚号，但三亚号因为全力和青岛号缠斗，也失去了争取更好位置的机会。这一站三亚号只取得第五名，青岛号则拿到第九名，西雅图号亚军。

比分榜上三亚号 113 分，青岛号 104 分暂时排名第二，温蒂把青岛号设为这一站的主要竞争对手，在冲线前始终压制他们，不论青岛号如何尝试摆脱，三亚号都照样复制。单洋洋在日记里写道：“虽然咱们都是代表中国，风浪一起闯，风洞一起扛。但比赛就是比赛，现在要对亲兄弟下狠手啦，对不住对不住。”

这个策略保证了三亚号和青岛号间分差不会扩大。俄罗斯水手迪马有点不以为然，他认为青岛号已经使用过双倍积分权，对三亚号的威胁远没有排名第三的西雅图号大。

单洋洋很认同温蒂的策略，值班时拉着迪马说：“这个策略还是很牛的，只要连续两站盯住青岛号不让他们拿高分，他们就很难对我们的总冠军构成威胁。然后只要西雅图使用双倍积分的时候盯住他们就行了。你说是吧？”迪马说：“我觉得青岛号慢下来后，我们应该去追前面的队，现在西雅图拿了第二，对我们威胁变大了。温蒂的策略没有全面考虑。”

迪马上船前是麦肯锡的商业顾问，用数据分析一切，他对自己的数据分析能力非常自豪。温蒂从小玩冲浪长大，不是数据派的航海者，她相信风和海浪这些随时变换、无法准确预测的自然力量里蕴含真理。迪马对那种感知式的判断不以为然，也对温蒂不重视他的分析越来越不爽。

迪马和英国女水手莎莎在上一赛段分在一组，船上两人你侬我侬。但过巴拿马运河的当日迪马突然发现，去纽约的赛段他和莎莎被分在了不同的值班组。

迪马问温蒂为什么把他们分在不同组，温蒂让他去找负责分配床位的凯瑟琳，凯瑟琳的解释合情合理：“克利伯不允许男女朋友同乘一船是有原因的，你们每天亲亲热热，那些刚刚失去了家庭或者爱情的人看到会很不舒服。而且也是战术需要，你和莎莎都很年轻，两个组都需要年轻人。”

对温蒂战略的不认同，加上没和喜欢的女水手同组，来自战斗民族的迪马要向船长的权威发起一场起义。

“我们的航行太不民主了，我已经航行三万海里了，不能只是温蒂说什么我就干什么。温蒂给我们尝试的机会太少，她的判断很多时候不对，却不肯听别人意见。”

“我要求开一个会，把这些话告诉温蒂。下面的比赛她必须要改进，必须要听别人说话。就在明天的准备会上讨论。我去找温蒂，她必须要参加。”迪马甩下凯瑟琳，去找温蒂了。

看着迪马的背影，凯瑟琳有点紧张，有点闯了祸的罪恶感，也有希望改变的期待。

也许温蒂是应该多听听大家的意见了。

出发前的一天，太阳晒在水泥地上，蒸汽升起来，桅杆显得弯弯曲曲，码头上空无一人。

三亚号的水手们各自收拾着自己的东西，原定的全体船长会只有8个船长参加，三亚号最关注的西雅图号和另两艘船还在巴拿马运河里等待通行排期。如果他们不能在明天上午抵达码头，原定明天下午的起航就要推迟到后天一早。

船舱内不算太闷热，温蒂戴着耳机、吹着风扇坐在导航台前，一脸轻松地查看航行计划。战术选择是这一程成绩的关键，古巴、巴哈马、牙买加等岛国组成一长串岛链，拦在大西洋和加勒比海中间，进入大西洋的航道选择有四五个。大西洋近岸有著名的北大西洋洋流，乘着洋流，速度每小时能增加1/5，但借道洋流要多绕接近1/5的距离。走远岸能直上纽约，但是没有洋流帮忙。

温蒂对这个地区很不熟悉，她只是在上届克利伯时横穿过一次，但三亚号目前的领先优势很稳固，她没有太紧张。她跟自己说：“三面球帆破了两面，说明设备已经开始疲劳了。如果妮妮不用双倍积分，就不必拼得太狠。让大家都轻松点。”

西雅图号船长妮妮在加勒比海至少航行过五个来回，大西洋更不必说，那像是她的主场，她拿过两次跨大西洋最佳年轻水手奖。未来三个赛段，妮妮在哪一站使用双倍积分都不奇怪。

正想到这儿，走廊一阵通通响，迪马走到了她身边。

“温蒂，来外面一下，我有话想和你说。”迪马看着导航电脑，避开温蒂的眼睛，说完他就走了出去。

温蒂稍微愣了一下就跟了上去。温蒂眼中的迪马聪明、强壮、值得信赖，但对自己有点过于自信，经常按照自己的理解开船，追求速度而不管航向是否合理。

在第五赛段，有一次温蒂要求尽量以 120 度的风向夹角航行，结果睡了两个小时后发现航行的风向夹角是 110 度。这样虽然速度快，但是离目的地实际上越来越远。那时三亚号正在争取双倍积分，重压下的温蒂冲出舱门对迪马大喊。

“注意航向，最少 120 度，你这样我们离目标越来越远！”

迪马正在给新上船的水手讲解自己的心得，被温蒂一说，面子上挂不住了，当场怼了一句：“120 度根本开不了！”

温蒂正被莫名其妙的航线惹得火大：“你干不了就换个人来！”

话一出口她就有点后悔，迪马的脸色明显沉下来了。温蒂转身走回舱里，嘴里还念着：“120 度我们可以直接过标不用转向，110 度我们至少要转一次向，要多跑很多路。”

这话像是解释给迪马听的，也像是在指导其他的水手。

迪马听到温蒂的话眼睛瞪得滚圆，组长麦克·风站到他旁边准备接舵，但迪马抿着嘴一声不吭，继续掌舵，风角变成了 120 度。

回到深藏于热带雨林中的游艇会码头，温蒂和迪马两人中间隔着一个湛蓝的大垃圾桶，温蒂上身笔直，下巴往回收，一副僵硬的样子；迪马盯着地面，弓着背，厚实的肩膀耷拉着。他俩这样已经站了15分钟了。

“很多人都不喜欢你，你知道吗？”迪马说。

“……”温蒂心里一恸，基斯退出时的一幕幕回到了眼前，基斯毫不客气地说温蒂不适合当船长，说温蒂不会处理和水手的关系。温蒂绝不是最温柔的女船长，但她做的一切都是为了带领三亚号赢得比赛！

迪马说：“你这样我们赢不了比赛！上一战你只追击青岛号就是个错误，当时青岛号已经落到第五名，我们应该放弃原计划，改为争取更多分数！你听取大家的意见，就不会出现这个失误。”

没有一个船长喜欢被水手当面质疑战术，但克利伯环球帆船赛的业余属性决定了水手中难免会有平时叱咤风云的管理者，他们肯定不会在船上乖乖做个“听船长话”的角色。

“你想让我怎么听？”

“我要开个会，大家都可以发言，可以从管理结构上开始改变。”

“好吧。我们开个会，但我10点半必须走，我要去船长会听西雅图号的计划。”

所有人坐在船上，温蒂的蓝眼睛瞪得圆圆的。她等大家坐好，布置了船上分工，接着就提起了迪马的质疑。

“有人说我需要多听大家的意见，我觉得这是个好主意，下一程我们就这么做……但船上总要有一个做决定的，我是船长，所以讨论过后依然要听我来指挥……安全是最重要的，我们不能做任何不安全的决定……我听说有人不喜欢我，可我是来做你们船长的，不是来交朋友的！”

温蒂铁娘子红了眼圈。大家心情复杂，特别是全程水手们，大半圈环球下来，原本有些厌倦的陆地和家庭生活，越来越像是一个温暖的召唤，这艘船、这段旅程带来的刺激已经慢慢变淡。

温蒂说不下去了，草草说了句：“你们继续讨论吧，有问题凯瑟琳记下来。我去开船长会了。”

温蒂的背影消失在了码头办公室门口，船上寂静了一会儿，有人开始说话，迪马先发言：

“我觉得我们都要有机会发言，我们现在水平很高了，能决定航线了。”

“我来了这么久，学得不够多！”老周平时沉默得很，航行前他不抽烟，现在他每天都得来上半包。

讨论的结果是，温蒂必须要跟大家讨论航行中的策略，这实在算不上什么太大的要求。即便如此，温蒂做得到吗？水手们真能满足吗？

第七赛段第二站　巴拿马—纽约

第七赛段第二站，船队通过巴拿马运河后再次起航，穿过加勒比海，从巴哈马南部驶入大西洋，沿着美国东海岸向北驶抵纽约。三亚号实际航行 10 天，2484 海里。

起航当天，西雅图号确认放弃使用双倍积分，三亚号期待的提前决战没有到来。

行程的前几天，加勒比海上刮起大风，把三亚号第二位送到了大西洋的入口。

摆在三亚号面前有两个选择：西侧的路顺风但路远，船速最快，可以更平稳舒服地到达纽约；东侧的路距离短，将一路迎风，航行艰苦，不过离得分门最近。

领先的几条船里，暂居第一的PSP物流号早早选择放弃迎风争取得分门，走西侧顺风航路。青岛号和西雅图号紧跟在三亚号后面，等着看三亚号的航线。这种情况下该用什么战术?

船员开会讨论，温蒂建议先启用隐身模式。启用隐身模式的船不会出现在电子海图上，先躲起来再讨论策略。

各船的位置每6个小时一更新，三亚号算好了时间，刚更新了位置马上进入了隐身。这样直到下一次更新位置，其他船队才知道三亚号隐身了，而他们的位置对于三亚号来说却一目了然。

隐身后温蒂召开午餐会公开讨论策略，汤姆·猫猫拿着战术板，仔细分析了两条航线的异同。

西侧的航线顺风，速度快，离北大西洋洋流最近，乘上那条洋流就像上了高速公路，可以平稳快速地直去纽约。挑战是：找洋流需要时间，航线距离比东侧航线多出至少100海里，离附加得分门也最远。

东侧航线就在船的正前方，离得分门近，总里程短。但一路迎风，船速慢，航行艰苦。

讨论结果是暂时放下名次追求，把眼前的附加分拿到。后面还有上千海里征途，还有机会追回名次。

顶风顶浪走了6个小时之后，三亚号收到更新的位置信息，结果令全体船员大跌眼镜。也许是觉得无法在迎风天和三亚号较量速度，

温蒂下水查看设备

后面几个船队竟然统统放弃了得分门争夺。

这简直是将了我们一军。哪怕如愿拿到了 3 分附加分，一旦追兵里有三艘借着顺风和洋流抄到前边，3 分附加分就不够弥补排名落后带来的损失。更令温蒂船长不安的是，对我们威胁最大的青岛号和西雅图号都选了西侧航线，继续争取得分门意味着完全放弃了对他们的压制。

更新了的天气预报也变得对我们不利，过了得分门后离终点还剩 1000 海里，我们遇到弱风的概率要远大于其他近岸航行的船队，没风时，洋流就成为决定行进速度的关键。

驶出加勒比海岛链后，大西洋将在船前彻底敞开，三亚号必须马上决定是否放弃就在 50 海里外的 3 分附加分。

温蒂倾向于马上转向，但她让正在值班的左舷组自己决定。左舷组意见不一，航行经验丰富的刀客，计算了三亚号和青岛号、西雅图号各自的预期得分，认为应该放弃得分门，但迪马认为刀客的考虑太模糊，没有考虑到排名改变对船队积分排名的影响，应该建立一个模型，综合所有可能性来得出数据清晰的分析结果。刀客认为没有时间做太仔细的分析，但迪马依然固执地拖着他去导航台对着海图继续讨论。

迪马打开 Excel，建立了一个表格，按照风速、航速等数据开始了数据汇总分析。甲板上温蒂一开始耐着性子等着，随后越来越坐不住，岛链出口就在眼前，风向持续朝着不利的方向偏转着。

“向西转 20 度……”温蒂低声说，这样的指令等同于放弃得分门：“如果这次我决定错了，下一程导航你们来，我什么都不管了。”

另一组水手被改航向的声音惊醒，问导航台前的迪马：“还走得分门吗？”

迪马还在埋头于他的表格，嘴里随口回答着，“我还在算，不过我们已经转向了……”

又过了半小时，迪马终于做完了他的表格，把所有他能想到的因素都列入考量范围，分析了两个选择的优劣，比较了几个领先的队伍做出各种选择的可能性的排列组合及结果。

“结果简单说就是，可能……没区别，选哪条路的最终得分都是一样的。”迪马哈哈乐着，一脸说服了自己的轻松。

驾驶帆船跨越大洋充满变数，在大自然这个棋盘上和十几个对手同时下棋，既需要分析计算也需要经验。天气、风向、洋流瞬息万变，几乎不可能在短时间内计算出绝对正确的结果。但经过这一番小插曲，三亚号内部的互相信任和协作精神都加深了。

傍晚消息传来，排名第五的西雅图号改道争取得分门。较真的迪

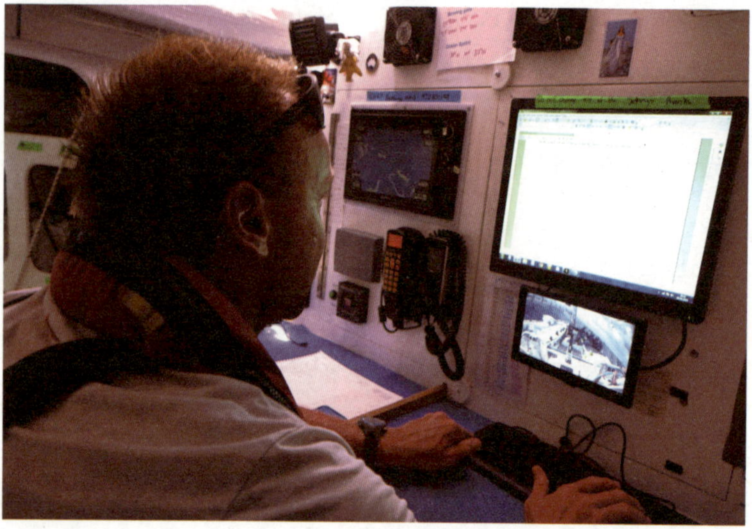

三亚号导航台

马依然在认真地算：即使他们取得 3 分，名次也会掉三名，其实是一样的，得不偿失。

三亚号上来了一位新乘客，一只黑色海鸟，身体漆黑颀长，嘴长近 30 厘米，嘴尖略向下弯，翅膀张开足有 1.5 米长。它蹲在桅杆顶上，专注盯着一个方向，像海边教堂尖顶上的铁皮公鸡风向标。

“去下风帮着压舷！”爱动物的素食主义者温蒂冲着海鸟像对水手一样大喊。

海鸟也没把自己当外人，在船上兴之所至，想拉就拉，桅杆附近的甲板上遍布它的大小“弹痕”。

被鸟屎击中两次的温蒂有点不爽，又冲鸟大喊：“别给我的船增重！”

海鸟后来有了外号 Puppy（小宠物），它常常表演抓鱼的绝技，只见它从 23 米高的桅杆上一个猛子扎下，翅膀收紧在身边，直到甲板上方两米处才展开，头一抬，身体凌厉地在空中折出 90 度，翅风扇得人一惊，它已贴着海面追向慌张的飞鱼群，一口叼住一条飞鱼冲天而起，然后稳稳回到桅杆顶端优雅地享受大餐。

温蒂又冲着它大喊："去别的船上吃！！我是吃素的船长！"

有一天晚上，突然哗啦啦一阵乱响，不知是睡傻了还是做了噩梦，Puppy 从桅杆顶掉到了甲板上，接着又滚进了帆舱里。帆舱里睡觉的女生水手们大呼小叫，和乱扑腾的鸟把彼此都吓了个半死，船员们瞠目结舌不知道该怎么办，扑过去想抓住它的汤姆，手也被啄破了。

当时在甲板上的大使船员陈蔚轻手轻脚地走进船舱，轻轻摸了摸 Puppy 的翅膀，惊恐之中的海鸟似乎感到了一点安全，稍稍平静了一点，叫声好像从恐惧变成了委屈，陈蔚嘴里轻轻安慰着它，把它抱在怀里，继续轻轻抚摸它的翅膀，Puppy 终于慢慢安静下来，陈蔚温柔地把它从舱里抱出来，一出舱闻到海风它又紧张起来，挣扎着离开陈蔚，跌跌撞撞翻出了船，头也不回地飞走了。

陈蔚是厦门人，妈妈的工作是管理鼓浪屿的环境绿化，陈蔚小时候常常跟妈妈一起去动物园。

那天她的日记里写道：

晚上，满天繁星，我正在放空发呆，突然有只大大的海鸟降落在我身边，也不飞走，还在我面前徘徊行走。我忍不住伸手摸摸它的翅膀，没想到它一个踉跄掉进开着的前甲板里，惊醒了睡在里面的人。

它也飞不出来，两难时，我爬下甲板，慢慢走向角落的它（海鸟

加勒比的海浪

的啄人可是非常危险的），然后一边轻柔地说“乖乖，没事没事”，一边抚摸它的翅膀，然后把它抱到怀里，一手爬梯子出来。

然后我把它放飞了……

以后一定会回忆起那只被我抚摸过的海鸟正翱翔在太平洋上空。

当时抱在怀里有意想不到的温暖和顺。

Puppy 迎着月亮飞远了，温蒂又向它大喊：“下次再来时告诉我风在哪儿！”

太阳越降越低，前方远天出现了一团颜色漆黑的云彩，走近了发现黑云大得无边无际。一时间身后霞光万道，前方黑不见底。没见过这一幕的水手还在惊叹造化神奇，经历过两次赤道的麦克·风早已经去叫船长了。

“这么晚才叫我！风暴！降前帆！缩帆！开雷达扫描云层！准备转向！拿风镜上来！”温蒂没来得及换航海服就冲了上来。话音刚落雨就落了下来，她贴身的衣服一下子就全部湿透了。

身后的阳光迅速消失，天穹全被铁黑色的黑云盖上，黑云深处翻涌着如煮滚了的墨汁等着倾泻。没一会儿的工夫，海也成了铁黑色，导航雷达上整个海域都是鲜红的强气流，看着让人心惊肉跳。

这是一年里水手们见过的最狂暴的积雨云，雷鸣电闪里，漫天水雾包裹了整个甲板，水雾一半由海浪碎成，一半从天而降。云下狂风乱刮，船帆被吹得不时换舷，船也被吹得乱转，舵手阿奔顾不上管航向，只是尽力稳住船。

“甲板只留三个人！其他人全下去！找地方抓好，什么都有可能发生！”

退下甲板的水手依旧穿着湿漉漉的衣服，下一班水手已经换好了重装准备接班。20平方米的舱里挤了二十多个人，又湿又热，汗雾升腾。

船乱摆，舵乱摇，温蒂全力稳定着船，舵轮要打多少角度，全靠千百次实践后的身体预判。她感知着水流和风，模糊而准确地计算着，这计算的公式她没办法教会别人，但她知道真的水手能找到自己的算法。

当下的重点是保证大家安全，温蒂的风镜被雨雾糊住又被海浪冲干净，金发湿淋淋地贴在头上，眼里精光闪现。舱口下面被晃晕了的水手们看向自己的眼神充满期待，这让温蒂一阵安心，水手们依然对自己充满信任。

用了整整两个小时才冲破雨云。天早已黑透，北风稳定下来，吹在身上寒意十足。温蒂浑身滴着水从甲板上下来，星光从她身后透出，海浪足有五米高，从侧面向船舷不停地推来。

海水每分钟至少一次没过整个甲板，漫到中舱。值班水手们被浇

抵达纽约

了一头一脸，却发现水很温暖。

找到了！由南向北的北大西洋“电梯”洋流。

凭借洋流的帮助，三亚号紧随 PSP 物流号第二名完成了比赛，取得了 11 个积分，总分 132 分。转走东线的西雅图号虽然拿到 3 个附加分，但只取得第九名，获得了 7 个积分，总分 109 分，和三亚号的差距拉大到了 23 分。

巩固了领先位置、重新团结了团队，温蒂又带着大家在领奖台上跳起舞来。她对前来采访的纽约媒体说：“实际天气和气象预报的差异让我们面临紧迫和困难的抉择，每个人都有自己的见解。在这种情况下，我们开放地讨论，听取了每个水手的意见，让大家发挥所有智慧充分参与进来，最终的方案是集体智慧的成果。公开的环境也让大家在执行战术变化的时候减少疑虑、提高效率。”

似乎三亚号离获胜又近了一步，理论上能阻止三亚号夺冠的，只剩西雅图号还未使用的双倍积分权了。

倒数第二站从纽约出发到北爱尔兰伦敦德里的起航动员会上，竞赛官马克宣布双倍积分权的时候拖着长音，像介绍拳击手出场一样喊道“本站使用双倍积分的是——”相机、摄像机都凑到了西雅图号的方阵前。

马克很满意自己营造的现场效果，接着说：“没有西雅图号！”话一出口一片哗然，西雅图号船员们满脸恶作剧得逞的坏笑，其他队的水手则面面相觑：西雅图号该不是忘了双倍积分吧？

这是非常戏剧化的决定，西雅图号把年度总冠军的悬念一直保留到了最后一刻。船长妮妮的解释是：“我对最后一程的英国南部海域更加熟悉，我相信我能带队在那里取得好成绩。”

温蒂在会后说：“既然西雅图不使用双倍积分权，那我们就不用压制他们了，我们自己跑自己的，抢分是硬道理。”

GBR
727X
CLIPPER ROUND THE WORLD 17-18
Sanya 三亚
en.sanyatour.com
新奇世界
半山半島
SERENITY COAST·CHINA
DELL
Sanya 三亚
en.sanyatour.com

第七章
环球冠军

第八赛段第一站　纽约—伦敦德里

第八赛段有两站，纽约—伦敦德里，伦敦德里—利物浦。

从纽约起航后，跨北大西洋直去北爱尔兰，在福伊尔湾外冲线，然后驶进福伊尔河，抵达伦敦德里。三亚号实际航行15天，2596海里。

三亚号本段有两个半大使船员：家住三亚的湖北人金梦妮和家住北京的英国人大牛，还有参加过第四站，家住香港的江苏人杨国峰。

金梦妮圆脸大眼睛，爱唱爱笑，曾经入选过超级女声50强。她航行时一直戴着自己熊猫头图案的耳钉，看起来像是个毕业不久的学生，全不像是一个在三亚住了十几年的基金会高管、幼儿园大班孩子的妈。

英国人大牛金发碧眼，张口却是流利的北京腔。他是著名节目主持人，在中国住的时间比在英国还长，中文流利。没事爱给英国水手解释古诗词，时不时翘着兰花指唱两句青衣花旦。

悉尼—霍巴特赛段结束后匆匆回家陪老婆待产的杨国峰，是三亚号上唯一一个自费参赛的中国水手。他是早年间留学德国的工程师，做事严谨，逻辑清晰的高智商理工男。

这三个人将代表三亚航行完2017—2018赛季的最后一程。同时回归的还有阿奔的儿子阿胜，他决定陪爸爸一起完成环球的最后一程。

在纽约哈德逊河口外自由女神的见证下，2017—2018赛季克利伯环球帆船赛最后的赛段开始了。三亚号紧追勇往直前号，第二个冲进了大西洋，以最短的航线直接冲向设在北爱尔兰北部的终点线。

总分排名第二至第四位的青岛号、西雅图号、PSP 物流号不约而同地一起向南绕远，去寻找北大西洋洋流。这三艘船的船长都是长年在北大西洋航行的老手，生长在澳大利亚的温蒂反其道而行，坚持现航道直取终点。

温蒂对航线选择的解释是：起航几天内都是小风，向南找洋流固然能加速，但小风天这样南辕北辙要浪费太多时间。而且南下将遇到顶风顺流的恶劣航行条件，船和水手都会非常疲惫。

北大西洋洋流外号“电梯”，经年不停地在北大西洋环绕，洋流的北段从北美洲到欧洲，就在克利伯航线以南 100 ~ 200 海里的地方。激进的船队会主动向南寻找洋流，一旦找到就是三四节速度的提升，足以影响冠军归属。上一程比赛三亚号全靠遇到“电梯”，只用了两天就从第五名赶超到了赛段亚军的位置。

克利伯船长们在战术选择上向来各有偏好，比如 PSP 物流号的马特在航线选择上非常激进，经常为了追求最好的速度而舍近求远。温蒂则很少绕路，她把更多注意力放在航行细节上。

金梦妮

大牛

杨国峰

温蒂这次的航线选择十分冒险，如果选错就会被大幅度追上分差。但如果她选对了，此一战就能取得足够的分数，提前结束比赛。

比赛前两天，三亚号因为航线最短，很快就领先第二名50海里。但两天后西雅图号首先找到了“电梯”，速度提到了迎风14节，三亚号则遇到小风，勉强维持着8 ~ 9节的速度，不到一天时间西雅图号就追上了三亚号。

如温蒂所料，西雅图号遇到了顺流顶风，船长妮妮在日记里写道：“船夹在两股力量中间，颠簸得厉害，很多水手都晕船了。虽然和三亚号的差距缩小了，但船队的体力和精力都耗去不少。”

PSP物流号和青岛号也随后上了“电梯”，平均速度增加到了惊人的14.7节。这时天气预报更新显示，小风天集中在三亚号所在的北线，之前预报的南线小风天不会出现了。

向南寻找洋流的船队赌对了，他们像飞一样向着英伦三岛狂奔。三亚号只能逆风慢吞吞地向前行进。

四天后船队到达了泰坦尼克号沉没的纽芬兰附近海域，这里温度很低，海面上起了大雾，前后能见度不足100米，抬头却看得见流云晴日。

风小船慢，一时间也没别的办法，大家只好各自取乐杀杀时间。

饱受中国文化熏陶的大牛感慨道：海底的珍宝和亡魂用雾气保护自己的安静与神秘，但不忍心让同样的寒冷冰封新航者的火热冒险之心。阳光下的浓雾蕴含了前代远行者的不甘和祝福。

工程师背景的杨国峰总结道：北冰洋的冷空气遇到热带洋流，所以有雾。

被困北线小风天里的还有勇往直前号，船长戴尔是温蒂的好朋

三亚号逆风慢行

友。这一天两人正在对讲里互诉寻风不得的焦急心情，远远传来发动机的声音，乍一听以为是路过的渔船，没多久一架直升机呼啸着从海雾里飞出，划过了船尾。

直升机通体灰黑，发出巨大的节奏稳定不容置疑的马达声，闪烁不停的红色尾灯在雾里闪着光晕，充满迷幻色彩。船队漂在太平洋正中间，离船最近的大陆在数千海里外，哪来的直升机？

汤姆·猫猫冲着飞机乱喊："救救我们啊！没吃没喝啊！去看看前面船是一号球帆还是二号啊！"

"你们好，天气不错，祝你们航行顺利。"直升机驾驶员富有磁性的声音从通话里传来。

"我们正在跨大西洋航行。"温蒂回应。

"你们从哪来的？"勇往直前号的戴尔插话。

“我们是美国海军，母船就在附近。”飞行员声音非常好听。

温蒂急得直拍桌子：“飞行员是在和我聊天！戴尔你插什么话啊！你管他去哪儿，快告诉他我单身貌美！”

“我们正在跨大西洋航行，刚才和你聊天的是中国三亚号的船长温蒂。”戴尔果然是好朋友，深知温蒂心情。

“我们在附近巡逻，祝你们航行愉快。”飞行员聊了几句后挂断了。

温蒂呼叫戴尔：“转 6 频道。”

“温蒂，飞行员很适合你啊。”戴尔抢着说。

“就是！能和飞行员聊天多不容易，你插什么嘴！也不告诉他我美丽单身！不知道他爱不爱航海？听着很帅，穿皮衣身材肯定好，戴着墨镜……”

等到温蒂春心稍息，戴尔说：“祝你好运，转回 16 公共频道。”

磁性的声音突然插进来：“我也祝你好运！晚安。”原来海军飞行员一直在偷听，爽朗的美国口音中有憋不住笑的震颤。

甲板上瞬间笑成一片，所有换班休息的水手都被笑醒了！

当三亚号和小风天纠缠不休时，西雅图号已经借助洋流超到了前面，南线的风力一直很好。

我们左右不了大自然的风力，但我们能端正自己的态度。不论新水手老船员，所有人都集中精神想办法抓住每一丝风。不用吩咐，主帆已经固定住角度，要换的帆已经准备好，水手自觉反压舷，天道酬勤。

怎奈雪上加霜，最新的天气预报到了，一个风洞出现在我们的位置，而预报里南线的风洞却改成了大风。北线彻底傻了眼，南下的船队不仅有了洋流还有了好风。

帆船比赛完全依靠风为动力，没有风只能眼看着其他队伍越来越快。一天的时间里，三亚号就落到了第七名，而西雅图号牢牢占据着第一。

此后连续三天的微风，无事可做，水手们横七竖八地在船头坐着，昏昏欲睡。午饭前温蒂决定说点什么：

“伙计们，我很清楚每个人都做到了最好。目前遇到了困难，不能有消极情绪，我们必须坚持下去。

“离开巴拿马后，我抽出了一天，准备按计划更换磨损了的球帆连接绳，但我发现新的绳子已经接好了。当时我没问，现在也不知道是谁做的。能默默地做这件事，说明他是一名合格的三亚号船员。我们做的每一件事都是为了船队，正是这样自主积极的态度让我们一起走到了今天。

“我在纽约听说，有的船上几个强有力的水手离队了，其他船员的情绪受到了影响，我觉得这不会出现在我们船上。航行至今，我亲眼看着你们变成自信的远航水手和我最信赖的左膀右臂。

“现在三亚号暂时落后，这是我们经历的小小挫折。远航就是这样，有顺风就会有逆风，不顺利时不放弃追击才能有机会领先。我们在跨太平洋时一度落后到第七位，但我们没有放弃，在最后几百海里抓住机会冲回第二名。

“我相信这艘船上每个人想要的都一样，不需要我天天念叨。目标，我们已经为之奋斗了一年，现在要做的只有再接再厉，我们不止一次证明过自己！相信三亚号能行！”

大家正听得热血沸腾，温蒂突然大喊一声：“现在我饿了，上饭！”

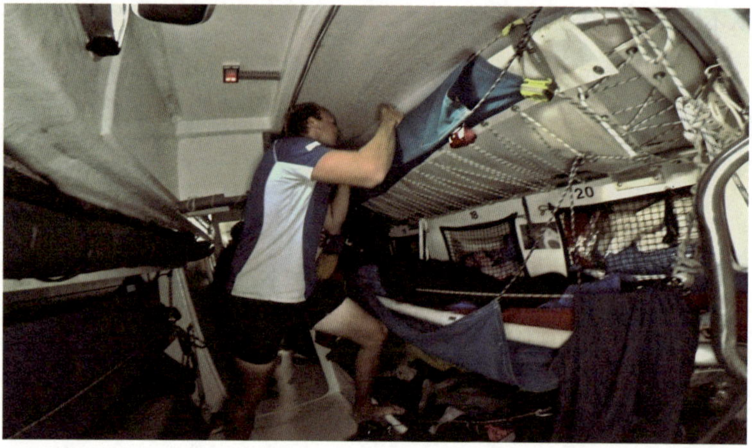
狭窄的船舱

三亚号恢复了斗志，但风就是不来。大家尝试了一切可能性，连主帆的帆骨都拆下来换成了轻量帆骨，但主帆依然鼓不起来，船慢得令人无奈。船的位置在大约北纬 52 度，和中国最北的漠河齐平。像是配合水手的心情，阴沉的天空开始飘雨，直直落下的雨水，打在水手的脸上。

等到雨停了风也停了，一起漂了几天的勇往直前号突然从视线里消失了，过了一会儿，连在 AIS 上都找不到他们的踪影了。

这时，又一架美军巡逻直升机飞过，飞行员主动跟我们打招呼，这一回温蒂跳过了热情的寒暄，直接问："看得到前面的船吗？"

"我能看到 CV25（勇往直前号）在你们前面 37 海里。"飞行员位置高，船只识别系统效果更好。

原来同时掉入风洞的勇往直前号，抓住了一丝微风逃了出去，而三亚号却仍在茫茫大洋中，被困在一个直径不足 4 海里的完全无风的风洞里。

“好像只有你们在风洞里，”飞行员简直火上浇油，“要不要我在你们后面给你们造点风？”

飞机从船后低空飞过，主帆一阵晃动后又停了下来，三亚号仍困在原地一动未动。

风终于来了，这时西雅图号已经领先了上百海里。

西雅图号的水手们非常阳光、热情。有几个水手娱乐天赋非常高，一路上花样百出。比如抵达悉尼时，西雅图号全体准备了圣诞帽，配上鲜红的航海服摇着铃铛进港，像极了一群远道而来的圣诞老人。另外，他们在每一站都故意找机会给第一个在船上过生日的水手高唱生日歌，次次引发不明所以的观众现场大合唱。

西雅图号在开始阶段犯了很多错误，特别是第一赛段就损坏了三面球帆。但错误也使他们成长，下半程西雅图号的成绩非常耀眼，到北爱尔兰前，他们已经获得了两个第一、三个第二。如果他们再获得一个分站冠军，那三亚号保持了大半年的领先就将在最后一刻被翻盘。

重压之下，发挥稳定的三亚号也开始出现错误。大牛险些发生全程最大的事故，他记录下了当时的情况：

凌晨3点半，风很小，我们左舷队刚降了最小号球帆，忙着升一号大球帆。法国水手阿奔系好了球帆缭绳，迪马挂了升降索，我和杨国峰在桅杆拉升降索。

船长发出了升帆的号令，我们开始猛拉。可中舱居然没人配合收绳子，我们在前面的工作都是白费力气。终于等到中舱就位，升降索被拉紧，船长再次发令升帆。我们拉到了一半的时候听到有人大喊球帆缭绳卡住了，我们又一次被迫停止。

当时一号球帆已经部分张开，我们只能把它降到了前甲板上。风不大，为了速度，我们临时决定不收球帆，简单扎起来重升。麦克·风、杨国峰、迪马和我跪在前甲板上用扎带裹球帆，阿奔解开了打结的缭绳。

我和杨国峰第三次拉起升降锁，这一次升到头了，可是由于临时裹帆出现了失误，球帆的上下都正常撑开了而中间打结了。我们第二次中止行动，这次为了把几乎全部张开的球帆降到前甲板上，大家全到了船头，一边收着球帆一边慢慢降。

大家筋疲力尽，咬紧牙关再一次尝试升球帆。风更小了，如果不抓住这阵风可能要重新陷入风洞。

我们决定干脆不扎球帆了，麦克·风和杨国峰拉升降锁，我和迪马像小帆船一样抱着帆慢慢向上送。我挂在桅杆前的安全绳碍事，还没来得及找到被球帆盖住的船用安全带，船长已经催得很急了。迪马说了一句："把安全绳系在护栏上！"这是不合规定的，但当时我没有多想，匆匆忙忙地听从了他的指挥。结果我把安全绳压着球帆绑在了护栏上，等我发现时，安全绳已经随着球帆升高被提了起来，我犹如卓别林的电影一样感觉自己被拎起来，双脚悬空。

杨国峰赶紧喊停，我双手抓住护栏，杨国峰和麦克·风抓紧了我的脚，迪马不愧是全程水手，当机立断拔出水手刀割断了我的安全绳。球帆一下子张开，把我弹出了甲板，幸好我双手牢牢抓住了护栏，后面两个人紧紧抱住了我的脚，我的头撞在船上，帽子一定程度上保护了我的头。

事后我下到船舱，迪马为我做了一杯热红茶。我从冰箱里拿出了一包豆腐敷在额头上，用来消肿。医生问了我几个问题确保我没有得脑震荡。

这件事把大家都吓了一跳，温蒂在事后报告里写道，她会在未来24小时里紧密观察我的情况，以防我有事后惊吓反应。

我倒是没有很后怕，但下面几点重要的经验想和所有新水手分享：

第一，升帆前检查好缭绳；

第二，舵手一定要有耐心，不能慌乱；

第三，信任自己的队友，同时保持自己独立思考的能力；

第四，除了船用安全带哪里都不要系安全绳！自身安全是对船队最重要的贡献。

这之后的比赛，三亚号似乎用光了所有好运气，船也显出疲态。不到15节的风竟然把三号球帆从中间刮成了两半。当水手们小心翼

全员上甲板

翼地把破成一张大嘴的球帆降到船舱里，每个人脸上都暗淡无光。看着地板上绞在一起的一绺绺布条，凯瑟琳挠破了头。如果不在两天内补好这面帆，三亚号目前的位置都将不保，而光靠凯瑟琳绝不可能完成这个挑战。

阿胜站了出来，他曾在16岁时被爸爸送进帆厂过了一个暑假，“我可以试一下。”这个自信的小伙子马上显出了自己的实力，他成了凯瑟琳的最佳助手，带领水手们创纪录地一天一夜接力补好了船帆。

帆补好后没多久就升了起来，横过半个天的长长一条补痕，两边扎满了密密的“之”字针脚，像是又一个勋章，记录着三亚号水手们的努力。

降帆补帆

最终，经过15天的航行，三亚号以第八名的成绩冲过了倒数第二站的终点。虽然保住了总积分第一的位置，但和西雅图号的分差缩小到了14分。

胜利的天平慢慢偏向手握双倍积分的西雅图号一边。

从终点线到伦敦德里的河道上，水手们计算着和西雅图号的分差。统计高手迪马又算了半天仍不能得出简单的定论，最后只好这样汇报给大家：

由于双倍积分的原因，最后的积分不仅取决于两队的名次，也取决于两队之间相隔几支队伍。比如两队如果只差一个名次，西雅图号第一名和第六名差别就很大。

西雅图号第一名 12 分，双倍积分后 24 分，如果再得到 3 个附加分，积 27 分。

三亚号得第二名 11 分，如果得到 2 个附加分，加上分差 14 分，同为 27 分。由于西雅图号全程获得冠军较多，西雅图号获胜。

如果西雅图号得到第二名 11 分，双倍后 22 分，加上最多 3 个附加分 25 分。三亚号第三名 10 分，加上 2 分附加分 12 分，再加上总分差 14 分，共 26 分，三亚号稳胜。

“而如果西雅图得第三名而三亚第六……”复杂到算得出来却说不明白，迪马很快放弃了解释细节，总结道：“总之，最好的战术是一直紧紧追着西雅图号，同时期待西雅图号不拿第一……”

这一回，温蒂和迪马达成了共识。

伦敦德里城是北爱尔兰最古老的城市之一，一条大河穿城而过，克利伯赛队抵达时正值当地一年一度的海洋节，河岸上张灯结彩。

杨国峰的夫人林敏站在码头上等待即将进港的水手们。她没有告诉老公她要来接船，三亚号刚刚抵稳码头，杨国峰就认出了人群中的妻子，挥舞着手迫不及待要跳上岸。金兰丽的男朋友大卫、格林的夫人玛丽都到了伦敦德里，麦克·风的全家都来了，家人们的温暖关怀让水手们的心情放松了下来。

温蒂对采访的记者说：“这是我们全程以来比得最差的一次。但比赛就是这样，有输有赢，祝贺西雅图号取得了这一站冠军。下一程我们一定会全力以赴。”

西雅图号和三亚号紧挨着停在码头上，两船水手之间气氛微妙，汤姆·猫猫和西雅图号全程水手西蒙是好朋友，两个人装模作样地互相挥着拳头。

三亚号制定了完整的准备流程，为了使三亚号跑出最好的状态，金柏森和老周仔细擦洗了船底，格林和阿奔把所有的绞盘都做了保养，汤姆·猫猫检查了所有绳索，凯瑟琳检查了所有的帆，金兰丽把每天所需的食物算到最精简。

温蒂对船员们携带上船的行李进行严格限重，规定每人不得超过20千克。大家自觉地在规定之上一减再减，英国的水手们把行李统统寄回了家。工程师格林的夫人玛丽帮助国外的水手们把多余的行李寄去终点利物浦。减重监督员麦克·风认真用磅秤为每个水手的行李秤重，结果没有一个人的行李超过15千克。船长温蒂把所有的个人物品都寄去了利物浦，只留了换洗内衣和8罐红牛。

在悉尼—霍巴特赛段温蒂只带了红牛上船，那次三亚号获得了冲线第一。

伦敦德里的颁奖仪式上，三亚号没有得到任何登上领奖台的机会，上次出现这个情景还是在8个月前的弗里曼特尔，那时三亚号刚刚从36小时倒退8海里的风洞噩梦中苏醒过来。登上冠军领奖台的西雅图号，水手们每人带上了一顶粘满亮片的小礼帽，兴奋地把船长妮妮高高举起来欢呼。

颁奖仪式前，温蒂刚和妮妮一起接受了记者采访，没有火药味十足的挑衅，两位女船长谦虚地感谢了水手们，两个好朋友把最美好的称赞都给了对方。

罗宾爵士兴致勃勃地对镜头说："两个女水手不论谁获胜都将是世界上第一个获得团队胜利的女船长。这将是克利伯历史上最激烈的决战，让我们等着看好戏吧！”

克利伯帆船赛起航是伦敦德里海洋节的高潮。欢呼声里，11艘赛船依次解缆，开始最后的旅程。三亚号和西雅图号擦身而过的时候，妮妮大声喊道：“希望胜利属于最棒的水手！”

三亚号回应：“一定如此！”

最后的冠军将在两位女船长间决出

第八赛段第二站　伦敦德里—利物浦

第八赛段第二站，全赛季最后一战！伦敦德里向南环爱尔兰岛，进入英国和爱尔兰之间的圣乔治海峡、爱尔兰海，最终在梅溪河口外冲线。冲线结束后，将于第二天在利物浦外的梅溪河道内，进行最后的港内附加赛。三亚号实际航行5天，913海里。

起航非常顺利，但导航电脑似乎不太正常，三亚号附近的整个海域一艘船都没有。温蒂的起航技术发挥得淋漓尽致，还没正式进入大西洋，三亚号就已经领先西雅图号接近4海里。看着在身后不停尝试的西雅图号，所有人都很兴奋，在甲板上帮忙或者压舷，直到几个小时后才发现，导航电脑上没有船只显示是因为AIS坏了。

AIS对目前的三亚号至关重要。有了AIS，30海里内的所有船只像棋子在棋盘上，速度、航向一目了然。没有AIS，对手的情况只能靠眼睛看。晚上距离近时可以用雷达，可是一旦超过10海里，雷达就失去了作用。

怎样的编剧才能写出这样的剧情？用了一整年的AIS偏偏坏在最需要它的时候！事已至此，只能利用最原始的办法，不分昼夜，肉眼盯死西雅图号！她去哪我们去哪儿。这不像说起来那么简单，特别是顺风航行时，70尺大船转向的标准操作流程有十几个步骤，一旦出错造成转向失败，很有可能就会丢掉西雅图号的踪迹。而夜晚航行更是只能依靠西雅图号的航行灯判断她的方向，在四五天里紧盯西雅图号，考验的不只有技术，还有耐心和众志成城的协作力。

三亚号和西雅图号并肩向南行驶，天慢慢黑下来。夕阳西下，西雅图号的船影正好嵌入落日正中，像是刚刚睁开的一只眼睛。一整年的较量仿佛刚刚开始，不同的是，水手已经不是当日初起航时的新人，他们双肩生出层层的肌肉，手心攒起厚厚的老茧，眼睛能追上海风，声音能吼破浪影，他们的脚步安静平稳，心中的罗盘坚定澄明。

水手们白天拿望远镜盯着西雅图号，但天一黑还是会失去他们的踪影。温蒂倒是处变不惊，她说："航海比赛不是有了AIS才开始的！这程比赛有几个航标点要绕行，大家的战术不会相差太大，我们能追上的。"

温蒂说得轻松，但实际上她已经两天没有上床睡觉，困了就穿着航海服直接躺在舱口下面的地板上。温蒂比任何人都期待冠军，如果能成功，"人类历史上第一位环球团队冠军女船长""第一位赢得克利伯环球帆船赛的女船长""第一艘获得克利伯环球帆船赛冠军的中国船队船长"这些荣誉都将属于她。

同为女水手，妮妮和温蒂惺惺相惜，但比赛就是比赛，西雅图号绝不会让三亚号的胜利来得太轻松。温蒂和妮妮两个人相差30岁，

失去 AIS（船舶自动识别系统）的三亚号

温蒂开始玩帆船的时候妮妮刚出生。一整年同场竞技，温蒂几乎全程领先，但妮妮进步神速，大有要在最后关头反超的气势。

在步步为营的温蒂看来，等到最后才使用双倍积分权是个烂主意，双倍积分应该在更长的赛段使用，最后一战只有 5 天，出了任何问题都没时间纠正。

而势头正猛的妮妮觉得：我的地盘我了解，要赢就赢在最后翻盘。

三亚号紧盯西雅图号，对方也在盯着我们。起航第二天下午，三亚号换帆争取赶到西雅图号前方去压制她们，但西雅图号发现我们换帆后，突然换舷。没有 AIS 的三亚号被打了个措手不及，手忙脚乱换帆换舷，耽误了不少时间。等到恢复航行，已经被西雅图号拉开不小的距离。望远镜里天际线上三四艘船，一不小心就会弄混哪艘才是西雅图号。

好在绕标点就在不远的前方，所有船的航向都差不多，我们锁定西雅图号，疲惫不堪的船长趁此机会和衣倒在舱口下面休息，头上蒙着航海服，一动不动。

汤姆·猫猫突然自言自语了一句："前面好像是不列颠号……"

温蒂右手一把掀起盖在脸上的衣服，左手抓住桌子沿腾一下坐了起来，眼神惊慌口里念叨着："我就知道不是西雅图，我知道不该是西雅图……糟了跟错了……"一边说一边把救生衣往身上套。

"是西雅图！是西雅图！"水手们赶紧安慰她，她惊魂未定地一抬头，汤姆一脸得逞后的坏笑，温蒂又急又气，嘴里念着一长串水手专用脏话，抓起望远镜看过去。

两分钟后，她指着西雅图号，冲笑弯了眼的汤姆吼道："那是西雅图号，那是西雅图号！你刚才差点没把我吓死！"

大家笑得前仰后合，她又狠盯了一眼西雅图号，回身安心倒在了地板上。

忙中出错，入夜前，三亚号电子海图上的绕标点被不小心移动了，等到发现错误时，三亚号已经向着错误的方向狂奔了 10 个小时，原本还能看到的西雅图号早已经不见了踪影。等到卫星数据发到，西雅图号已在 19 海里之外。三亚号没有 AIS，只能根据 6 小时一次的卫星数据跟踪西雅图的航向，还有不到两天，这样的差距几乎不可能追上。

西雅图号排名第四，她的旁边是 Unicef 号，三亚号排第九，身前是勇往直前号，第七名 PSP 物流号在 4 海里之前。

迪马继续更新着自己的计算：如果西雅图号赢了 Unicef 号，他们将取得第四名 18 个积分，三亚号如果保持第九，将获得 4 个积分，两队同为 141 分！果真如此，胜负将在利物浦河道内的港内赛决出。利物浦的港内赛是全程唯一一个有赛事积分的港内赛，第一名将获得 3 分，第二名 2 分，第三名 1 分，余下的没分。

AIS 故障搞得所有三亚号水手疲惫不堪，这种情况下进行港内附加赛绝不是好选择。但若想提前结束比赛，三亚号必须在正赛净胜西雅图号 4 分以上。简单地说，三亚号要赢过勇往直前号或者 PSP 物流号其中一艘，而西雅图号要输给 Unicef 号。

那恐怕是最难熬的 12 小时，环球水手们的内心复杂，不知道应该以什么心态迎接即将结束的环球比赛。

那是最奇妙的 12 小时，纠结了一个月的胜负心慢慢放下，大洋显露出边界，地平线模糊地升起。

从明天起，太阳将不再从海平线上升起，午餐将不再是集体坐在甲板上听温蒂讲述岸上的新闻。

从明天起，不再喝淡化的海水、吃夹生的米饭。

从明天起，不再穿潮湿的衣服，睡床不再被海浪摇晃。

再会吧！70 节狂风，5 米高海浪；再会吧！刮了又刮的老干妈空瓶，不计其数的番茄酱。印度洋两天两夜后抓住的第一丝风，太平洋 30 天后看见的第一片陆地，将成为我们生命中共同的记忆，零下 2 摄氏度夜班里递来的热茶，引擎上加热的方便面，筑起了我们一生的交情。

不论胜负，我们都是环了地球的水手！让我们享受这环球归来的一刻！

好兄弟 Unicef 号不负众望，最终顶住了西雅图号的疯狂追击，领先 21 分钟冲过了终点线。而三亚号没有再犯任何错误，很快超过了勇往直前号，并一直狂追 PSP 物流号直到最后一刻，两船的最终成绩同为116小时36分，PSP物流号以不到20秒钟的优势领先三亚号取得第六名。而三亚号的第七名拿到了4分绝对分差，保住了领先，在附加赛前锁定了全程冠军！

这是克利伯环球帆船赛20年来第一次有了中国冠军，三亚号也成为历史上第一支由女船长带领的环球帆船冠军。温蒂·塔克，这个53岁的澳大利亚女水手，实现了自己的目标，每个追随了她一年的人在此刻都无比欣慰。所有难过和快乐都成为记忆，一个环球冠军的记忆。

凡世之所贵，必贵其难。

——苏轼

利物浦正值初秋，挥别了11个月的阿尔伯特港看起来无比熟悉。人们舞着彩旗，大喊着“三亚！温蒂！”两声炮响，撒下漫天的彩纸，冠军最后一个进入港口，所有的观众，所有的水手全部列队面向依旧彩虹般鲜艳的三亚号，高举着双手鼓掌致意，特地赶来迎接三亚号的时任三亚市副市长许振凌和罗宾爵士一起站在码头上，许副市长兴奋地大喊着“三亚！好样的！”

许振凌三天前离开三亚，一路上她都揪着心，每一次转飞机，赛况都会发生变化，从伦敦到利物浦的火车上，她一直盯看手机。她是三亚冠名克利伯的最大推手，如果三亚第一次参加克利伯就能夺冠，那对于三亚的航海运动发展将是一个巨大的推动。那是中国最好的一片海，清澈，温暖，有风无浪，那里有中国最好的游艇会，克利伯航线将在未来吸引更多的大帆船破浪而来！

“温蒂！”许振凌和罗宾忘情地喊着！女水手热烈地拥抱着这两个帮她成为环球船长的人，身后的水手们有节奏地喊着“温蒂！温蒂！”冷不丁地，法国人阿奔从船上跳下来，抱着温蒂一把扔进了水里！

阿奔大喊道：“没什么说的！仪式感很重要！你值得这一刻！”

“你个傻子！我就一身衣服！剩下的我都寄走了!!”水中的温蒂笑骂着。

颁奖仪式在海边的市博物馆广场举行，水手们列队走下码头，向着仪式现场走去。摄影机和摄像机排满了路两侧，河风把水手的头发吹乱，金梦妮的眼泪流了一脸，她的脸庞被晒得黑黑的，她的眼睛被海风吹得亮亮的。她高举着队旗走在队伍最前面，整整11个月前，另一个来自三亚的女孩翟燕丽曾举着队旗走上这个码头，她白皙的脸上曾忐忑兴奋。

大牛和阿胜高举着中国国旗跟在金梦妮身后，他们带着所有人高喊着“三亚！三亚！”20年前，英国人大牛还只是一名帆船的看客，如今他代表中国越过了故乡的海洋。一切如梦似幻，一切幸福感恩，他的父亲和叔叔等在码头，兴奋地向身边的观众讲述着一个英国少年爱上中国海边的故事。

杨国峰的夫人回家照看了下刚刚4个月的女儿后又飞回英国迎接老公，她和妮姬、玛丽站在一起挥舞着手臂，热泪盈眶看着亲人走上领奖台。当初她们支持老公报名克利伯的时候还只是期待他们能有不一样的人生体验。当冠军的旗帜真的要挂在家中，窗外的海好像看起来不太一样了。有种力量在召唤，有些改变在发生。

“总冠军！San—ya—！”主持人高喊道！

罗宾把银质奖杯递到了温蒂的手中，她高高举过头顶！三片薄薄的帆上面顶着一个地球，地球上，70%的面积，是连在一起的大洋！

ALBERT DOCK

17-18
CLIPPER
ROUND THE WORLD
en.sanyatour.com
CV27

1st Place - Overall
Clipper 2017-18 Round the World Yacht Race
CLIPPER ROUND THE WORLD 17-18
unicef
PSP LOGI

三亚号获得总冠军

新奇世界
CLIPPE
ROUND THE WORLD
Nasd

迎接三亚号的民众

时任三亚市副市长许振凌率团来到位于利物浦阿尔伯特码头的三亚旅游营销主题展区，向来自世界各地的游客推介三亚旅游资源

时任三亚市副市长许振凌与船长温蒂互赠礼物

三亚市政府代表团在利物浦阿尔伯特码头举办三亚号庆功派对

后 记

2015年，我32岁，带着“人为什么要远航”的疑问开始接触帆船。机缘巧合，我第一艘上过的帆船就是郭川创纪录的100尺三体赛船，相当于坐过的第一辆车就是达喀尔拉力赛的赛车。那红色如海王三叉戟般的全碳纤维战舰在海面上轻巧划过，巡航时速24海里时，水手那兴奋的长歌我永远不会忘记。

竞技帆船带给我巨大的震撼，一度使我以为帆船就是为速度而生，顶级的赛队一定集合了顶尖水手和科技。“孤帆远影碧空尽”的浪漫想象变成了少年只争朝夕的豪情。

郭川船长2016年10月失踪后，我一度失去了航行的方向。还好朋友们不停地关心和鼓励我继续航行下去。尤其是郭川团队前成员、东风队水手刘明介绍我参加了2017年的海帆赛，随曦冉号完成了全环海南岛。那场5天4夜平均8节左右的比赛不像职业赛船那样沸腾着我的肾上腺激素，却让我第一次看到了普通人对海洋、对远方的执着，也第一次观察到帆船带给这个嘈杂世界中每一个平凡个体的喜悦和安慰。当赛事结束，我在海帆赛闭幕式上看到三亚招募克利伯大使船员和媒体船员的海报，那鲜红的口号“The Race of Your Life”深深

时任三亚市副市长许振凌与船长温蒂互赠礼物

三亚市政府代表团在利物浦阿尔伯特码头举办三亚号庆功派对

后 记

2015年，我32岁，带着“人为什么要远航”的疑问开始接触帆船。机缘巧合，我第一艘上过的帆船就是郭川创纪录的100尺三体赛船，相当于坐过的第一辆车就是达喀尔拉力赛的赛车。那红色如海王三叉戟般的全碳纤维战舰在海面上轻巧划过，巡航时速24海里时，水手那兴奋的长歌我永远不会忘记。

竞技帆船带给我巨大的震撼，一度使我以为帆船就是为速度而生，顶级的赛队一定集合了顶尖水手和科技。“孤帆远影碧空尽”的浪漫想象变成了少年只争朝夕的豪情。

郭川船长2016年10月失踪后，我一度失去了航行的方向。还好朋友们不停地关心和鼓励我继续航行下去。尤其是郭川团队前成员、东风队水手刘明介绍我参加了2017年的海帆赛，随曦冉号完成了全环海南岛。那场5天4夜平均8节左右的比赛不像职业赛船那样沸腾着我的肾上腺激素，却让我第一次看到了普通人对海洋、对远方的执着，也第一次观察到帆船带给这个嘈杂世界中每一个平凡个体的喜悦和安慰。当赛事结束，我在海帆赛闭幕式上看到三亚招募克利伯大使船员和媒体船员的海报，那鲜红的口号“The Race of Your Life”深深触动了我。不需要远航经验，只要有见识世界的愿望，有和人相处的热情，有一颗勇敢不羁的心，任何人都可以得到三亚的支持，踏上跨越海洋的旅程。我很快提交了申请，在“前郭川团队成员”名声的加持下，我很快收到了海南帆船协会陈晓华秘书长和领队李蒙的邮件。在一系列面试后，我拿到了媒体船员的位置，回到了海上。

每一程都会和二十多位来自不同国家，有着不同文化背景和生活经历的水手，共同挤在几十平方米的空间里，朝夕相处，相互扶持，一起熬过一天天不见大地的航行。在船上，人们传递、分享着一切，水杯、床铺、鼓励、温暖。

同舟共济，越过未知，抵达彼岸，何其像科幻电影里渲染的太空探索精神！

我们 18 名代表三亚的大使船员是最幸运的。我们以三亚之名，见识了海洋和远方，而且得到了环球冠军的荣誉。三亚号给每个船员带来的影响一直延续到了之后的生活里。

跨越了赤道和大西洋的翟燕丽离开了本职工作，如愿成为一个旅行者，徒步穿越马丘比丘，驾车环游了澳大利亚、印度……

穿越了咆哮西风带的王波把镜头推向了世界各大赛场，他每年有大量时间在欧洲拍摄世界级比赛。

完赛悉尼—霍巴特的大河在三亚继续推广小帆船，他把女朋友也变成了一名帆船水手。

纵贯赤道、中国海的邢唯伟组织了全女子帆船队“路德航海”，参加了中国杯。船长是温蒂·塔克。

刘满江继续在海南航行，他邀请麦克·风和工程师格林一起组队，参加了 2019 年环海南岛国际大帆船赛。

横跨北太平洋的黄俊开创了帆船培训项目“地球学院”，每年带领十几个家庭体验帆船远航的魅力。

高宏和他的游牧虎帆船队在国内比赛的成绩越来越好，他在三亚后海的游牧虎俱乐部继续为年轻人提供免费体验帆船的机会。

单洋洋做赛事总监的环海南岛国际大帆船赛越来越有国际大赛的样子，他把克利伯的安全培训理念带回了中国。

取得最后胜利的金梦妮成为“蓝丝带海洋大使”，为减少海洋塑料污染奉献自己的力量。

当被问及在11个月的挑战中是否曾想过放弃时，罗宾爵士回答说：“没有。因为我不能让昨天的我失望。每当你有放弃的念头时，你必须这样想。”

最后请允许我感谢郭川。谢谢你，我的船长。你问我船长在何方，我指着大海的方向。

明浩